大眾心理館 吳靜吉博士策劃 333

每冊都解決一個或幾個你面臨的問題，每冊都包含可以面對問題的根本知識

向霸凌Say NO!

認識→對付→走出霸凌的校園暴力防治三部曲

出版緣起

王榮文

一九八四年，在當時一般讀者眼中，心理學還不是一個日常生活的閱讀類型，它還只是學院門牆內一個神秘的學科，就在歐威爾立下預言的一九八四年，我們大膽推出《大眾心理學全集》的系列叢書，企圖雄大地編輯各種心理學普及讀物達二百種。

《大眾心理學全集》的出版，立刻就在台灣、香港得到旋風式的歡迎，翌年，論者更以「大眾心理學現象」為名，對這個社會反應多所論列。這個閱讀現象，一方面使遠流出版公司後來與大眾心理學有著密不可分的聯結印象，一方面也解釋了台灣社會在群體生活日趨複雜的背景下，人們如何透過心理學知識掌握發展的自我改良動機。

但十年過去，時代變了，出版任務也變了。儘管心理學的閱讀需求持續不衰，我們仍要虛心探問：今日中文世界讀者所要的心理學書籍，有沒有另一層次的發展？

在我們的想法裡，「大眾心理學」一詞其實包含了兩個內容：一是「心理學」，指出叢書的範圍，但我們採取了更寬廣的解釋，不僅包括西方學術主流的各種心理科學，也包括規範性的東方心性之學。二是「大眾」，我們用它來描述這個叢書的「閱讀介面」，大眾，是一種語調，也是一種承諾（一種想為「共通讀者」服務的承諾）。

經過十年和二百種書，我們發現這兩個概念經得起考驗，甚至看來加倍清晰。但叢書要打交道的讀者組成變了，叢書內容取擇的理念也變了。

從讀者面來說，如今我們面對的讀者更加廣大、也更加精細（sophisticated）；這個叢書同時要了解高度都市化的香港、日趨多元的台灣，以及面臨巨大社會衝擊的中國沿海城市，顯然編輯工作是需要梳理更多更細微的層次，以滿足不同的社會情境。

從內容面來說，過去《大眾心理學全集》強調建立「自助諮詢系統」，並揭櫫「每冊都解決一個或幾個你面臨的問題」。如今「實用」這個概念必須有新的態度，一切知識終極都是實用的，而一切實用的卻都是有限的。這個叢書將在未來，使「實用的」能夠與時俱進（update），卻要容納更多「知識的」，使讀者可以在自身得到解決問題的力量。新的承諾因而改寫為「每冊都包含你可以面對一切問題的根本知識」。

在自助諮詢系統的建立，在編輯組織與學界連繫，我們更將求深、求廣，不改初衷。

這些想法，不一定明顯地表現在「新叢書」的外在，但它是編輯人與出版人的內在更新，叢書的精神也因而有了階段性的反省與更新，從更長的時間裡，請看我們的努力。

目錄

推薦序1

向霸凌說NO需要大家一起來

張德聰（「張老師」基金會董事長）

向霸凌說NO是家長、老師、學生以及教育行政單位共同的願望！

叫「霸凌」太沉重，其實校園內恃強凌弱不是新鮮事，從過去以來就有，然而近年來被重視的原因，主要是：

一、人權意識的被重視，每個人都有安全以及被尊重的需求與權利。

二、教育功能的式微，過去天、地、君、親、師，五倫被重視，「師者，傳道、授業、解惑也！」如今，「師者，被告、被打、困惑也？」流浪教師突顯教師之社會地位，師者如果自己的生涯都未能妥善處理與照顧，如何觀照學生？

三、師生關係的品質不佳，如果師生關係良好，積極上不僅有利於教學與學習，消極上亦有利於預防霸凌的發生。

四、部分學校輔導工作未能落實三級預防。

五、同儕間人際的未能學習相互尊重，學生無論任何年紀都很在乎同儕的接納支持，即使遊戲嬉笑亦為彼此的友善互動，但若超過對方接納範圍或言語之嘲笑，就可能引發當事人的不舒服。

六、法律素養的不足，因為缺乏對法律的了解，罔顧一時衝動可能產生的後果。

七、媒體之推波助瀾，目前媒體視社會負向消息為賣點，在「知的權力」與「社會教育」間的取捨，未能妥善思考「倫理」的抉擇，視「霸凌」事件為新聞賣點，殊不知亦成為社會負向教育的示範。

然而於過去的書籍中具體提出解決霸凌者並不多，本書能依國情文化先從認識霸凌，包括分析霸凌的危險因素；進而具體提出面對霸凌的態度，尤其提出霸凌因應力以及三級預防模式；最後並探討如何走出霸凌，找出自我人格的優勢，從創傷到復原，更能加上受凌者自己如何走出霸凌的故事，讓其他受凌者學習只要個人有意願在適切的專業助人者協助下，不僅可以嘗試努力走出受凌的痛苦，甚至昇華善用自己的專長幫助需要被幫助的人。值得推薦給學校輔導工作相關專業工作同仁、家長以及關心霸凌事件處理的社會熱心人士。

向霸凌說NO需要大家一起來，不僅是受凌者與霸凌者的處置，背後家長的管教態度與方法，老師和學生如何建立良好師生關係，學校如何建構友善安全校園，社區的互助，媒體的自律，心理衛生教育的積極推動以及與媒體工作者的溝通，皆需要大家共同探討合作。期待本書的催化，讓校園的春風笑聲不斷！

推薦序2

防範霸凌，大家一起來！

楊聰財（精神科醫師／楊聰才診所院長）

我的好朋友、好同事南琦，又出好書了！身為臨床心理師、又是兩個孩子的媽，她關注「霸凌」、並進而用流暢的筆調、搭配很多的案例，寫出這本十分實用的著作，我很樂意並且榮幸的為本書作序！

搶先閱讀後，我將此書的優點說明如下：

首先，南琦將霸凌這個全世界、包括台灣都十分關注的課題，運用精準的文筆，系統性的自「認識霸凌：發現暴力的線索」談起，包括：什麼是霸凌、找出霸凌、誰在霸凌等各章；進而提出「對付霸凌」的積極對策，包含：不只針對霸凌者、人格特質的因應之道、霸凌因應力、三級預防模式等內容；並且針對曾經遭受霸凌的個案，也提出「走出霸凌：從創傷到復原」（包括被霸凌者、霸凌者、旁觀者、間接參與者）的痊癒之道，包含：找出人格的優勢、從創傷到復原、我如何走出霸凌等章節。

其次，提供實用的「霸凌檢核表」，包括：「霸凌的面貌」「觀察發現孩子是否遭到霸凌」「哪些特質容易讓孩子成為箭靶」「哪些危險因素容易讓霸凌形成氣候」「注意孩子是否天生攻擊傾向較強」「增強個人的正向力量」「在霸凌的預防階段成人可以做些什麼」「創傷及壓力的因應策略」「療傷的著眼點」等，可以讓讀者實際地使用在生活上。

在此，我特別針對南琦在書中提到的麥克堡（Donald Meichenbaum）「壓力免疫訓練」，用腦科學的角度做進一步詮釋。這個訓練方法強調可以在「概念化階段」時找出個人過去因應壓力的正向經驗，了解自己的壓力源，如何反映壓力；在「技巧學習階段」加強練習或調整新的正確因應技巧；最後在「應用階段」把學到的技巧應用於真實世界中，練習在壓力情境下的各種技巧何者更有效，需不需要再做調整。腦科學研究也顯示，大腦具有可塑性（neuroplasty）的特質，或許過去的生理特質、長期生活環境潛移默化形成的霸凌特性，是可以經由正確的體會與訓練，重新雕琢新的「水道」，日後當再遇到相同的生活情境時，改用利己又不欺人的好方法！

在近日的演講與輔導中，我也提出「ＯＫ理論」，希望在家庭、學校、社區、社會中，能夠養成「我好，你也好」（I am ok, and you are ok）的互相尊重、又可兼具自信的良好氛圍！身為醫師、老師、父親的我，真的期盼大家看完此書，共同關懷霸凌議題，不要讓「玫瑰少年」葉永鋕事件（細節請看本書）的悲劇再度發生！

推薦序3

正視霸凌事件

鄭石岩（心理學家／知名作家）

孩子霸凌人或受到霸凌，是教師和父母必須關心和重視的課題。它不是漠視者所說：「孩子免不了鬧著玩，打個架，事情過去就算了！」我以四十年的輔導工作經驗向大家指陳：霸凌不可輕忽，它直接打擊孩子上學的心情和學習的效果，更會對心理健康和人格發展造成影響；霸凌的創傷如果不好好處理，甚至會影響個人的命運，當然也會造成社會問題。

孩子從國小到高中的成長過程中，霸凌是很容易遇上的問題。如果你認為霸凌是只有少數特殊性格特質的孩子，才會惹上的麻煩，誠摯的告訴你別太大意！有些事件是霸凌者一時興起，就把無端的孩子強押去毒打一頓，要受害者乖乖付錢供他們花用。如果孩子回應力好，懂得向師長反映，得到妥適的處理和輔導，一切可平安度過；如果孩子畏懼霸凌者的強勢，忍氣吞聲，又要去偷取家裡財物供惡徒花用，造成創傷和長期折磨，對幼小心靈將帶來莫大的傷害。

別以為你的孩子或學生平安無事就好，休管他人受到欺凌，不必理會其他霸凌事件。我要提醒你：讓孩子做一個無助、懼怕的旁觀者，同樣受到傷害。它會發展出冷漠、退縮、憂鬱或焦慮的人格特質，所以我贊同所有人同心：向霸凌Say No！

師長在處理霸凌問題時，必須冷靜、同理和不怕麻煩，要用愛心和智慧來面對問題，釐清真相，懂得運用校內外輔導資源，掌握關鍵性因素，做適當處理。輔導得宜，受霸凌的孩子會順利走出懼怕或受創的陰霾，重拾信心和安全感，他們未來在人際和社會生活，還是能做正向回應。反之，若處理不當，孩子得不到應有的輔導和協助，若加上師長爭執慌亂，憑添更多情緒困擾，則會造成二度傷害。

對於霸凌者而言，有些是體質性的違抗性格，有些是不利的成長環境所造成。如果師長能給予適當的管教和輔導，協助發掘其優點，重構其信心，並予以肯定，仍有機會引領孩子回歸常軌的生活。倘若師長處理失當，或放任他為所欲為，無異增長其侵略性和暴力傾向，接下去可能就參加幫派，鋌而走險，步上犯罪之途。

有效處理霸凌事件，是學校的要事，也是父母親要關心的課題。由於它直接影響孩子的心理健康和自我功能的發展，其重要性不亞於學校成績。霸凌的防制與輔導做得好，孩子知道怎麼有效回應生活中的種種衝突情境，未來也會比較有信心和樂觀，其主動性和執行力也相對提升。

所以我們要一起關注這個課題：了解什麼叫霸凌？它的種類和誘發的原因是什麼？怎麼處理與輔導？有什麼社會資源可以運用？凡此等等都值得大家關切。這本書針對台灣校園霸凌及相關現象，做了務實的解說，層次分明，對輔導技巧的著力，更是功力深厚，是值得一讀的好書。

校園霸凌是許多孩子的苦惱，也是部分孩子走向罪犯的開端，所以教師和家長、學校與社區應該共同投注心力，一起防治霸凌。從對抗恃強凌弱，揭示人權，發展友愛，伸張正義，建立好的環境，孕育年輕一代的正面性格，到締造祥和的社會，這個課題是國家提升軟實力的一部分。

我是輔導工作的老兵，多年來實務與行政工作都擔任過，也參與教育和科技發展的籌畫。我有機會看到許多成功的人，他們具備自信心、主動性和專業能力，這些素質帶領他們走向亮麗成功的人生。當然，也從實務和個案中，發現許多退縮、走不出去的人，他們不是智能學識不好，而是遇到意見衝突時，會焦慮逃避，從而敗下陣來，放棄了許多機會，無法堅持自己的行動力。從退縮者的晤談中，發現多數有受過霸凌的創傷，其來源包括家庭、校園和社會。我深深了解受到霸凌者如果沒有從創傷中復原，他們的生命力終將受到壓抑；相對的，霸凌成習的人也很容易走向侵犯和暴力的惡行。本書對於這方面的生命發展，有許多寶貴的卓見。

南琦心理師把她多年的實務工作經驗，寫成《向霸凌Say No!》一書，這是一本切合本土輔導工作實境的好書。它能帶給教育工作者實用的新知，更能提供父母親正確的觀念。同時，透過對霸凌議題的了解，再來看生命教育的內涵，會有更周延的認識。

自序

當霸凌成為社會案件時

當決定寫一本霸凌議題的書時，記得還鬧了主編一下：「寫這個題目感覺少活十年！」因為這嚴肅的議題代表我又要絞盡腦汁與大量筆記和資料奮戰，恍若回到寫論文年代。

民間與官方愈來愈重視這個議題，不管是從國小就開始推動的校園安心方案（如各縣市教育局在開學第一週訂為友善校園週）或者研議相關立法，相關書籍的出版則如雨後春筍，但多是翻譯作品，國外的案例、國外的教育背景文化脈絡、國外的經驗……怎麼看都隔靴搔癢，缺乏本土化的實例與經驗分享，所以這本書的寫作過程比起在遠流的其他三本著作更是痛苦，我必須在龐雜的書報雜誌中（包括社會新聞、八卦雜誌）擷取更多實例，搜尋有用的資料，整理出可行的、正向的做法。

奇妙的是，當自己開始注意霸凌問題時，門診中遇到霸凌的個案似乎也變多了，機緣巧合更讓我使命感增加。

我所理解的霸凌

目前為止我遇到最年輕的霸凌個案是小二，她告訴我一年級時班上有個女生會欺負同學，要其他同學不跟某個人玩（後來這個小朋友看了兩個月的精神科），二年級時她成為倒楣的那個人，那霸凌者唆使她周遭的人不要跟她玩，刻意捉弄、隔離她的人際關係，當她向母親提及時，母親做了明快的決定，第二天立刻到學校與老師溝通，並告知若不處理就要打反霸凌專線。班導師承諾會積極處理，但校方卻做了一件匪夷所思的事：威脅孩子誰敢打這通電話就要處罰誰，並罰她站了一節課。

小朋友回家後向母親哭訴當天的遭遇，母親震怒，又到學校理論，同時因為小孩所受的二度傷害而來就診。這次學校終於搞清楚怎麼回事，向她們道歉並做了緊急處置，對霸凌者行為告誡與約束（深入了解後發現霸凌者來自不溫暖、缺乏雙親支持的家庭），同時允諾會讓輔導室持續追蹤。

這件事算是有了較圓融的結果，應該歸功於有個高度關懷、鍥而不捨的媽媽，同時老師的配合、校方的事後道歉處理，都可以降低、彌補傷害。

身為兩個女兒的母親，寫這樣的議題時常常思考，如果小孩遇到霸凌時我會怎麼做？想來想去都沒有理想做法。我其實沒把握現在的校園能多友善，感受友不友善除了看自己的態度，也看所接觸的人事物，因為對此議題愈深入，愈知道有太多無法掌控、複雜的因素，只能見招拆招，遇到再說。

除了小孩本身該培養的環境抵抗力，我比較堅持的部分是讓兩個女孩子練體能、功夫。當老大開始上大班，我毫不猶豫的讓她練跆拳道，對外都玩笑似的說要讓她進軍奧運拿金牌；老二幼稚園開始有武術課，老師詢問要不要參加時我說當然要，第一年還有幾個小女生陪著小女兒練，第二年他們漸漸覺得不好玩、改上美術課時，她開始喊無聊、腳好痠，我還是堅持她必須上武術課。其實我心裡很清楚這樣做的目的：我不要她們弱到無法應付緊急狀況，必要時來不及反應、沒有體力逃跑。

雖然凶凶老媽不太會煮菜，但起碼可以做到規律的作息、正常的飲食，晚上九點過後就開始碎碎念，要求她們準備上床睡覺。兩個女兒漸漸長得比同齡孩子還高大健壯，活潑開朗，這是我所能想到的最好做法了：我做了身為家長該努力的部分，剩下的則留給她們去磨練體會。

當暴力型態變得無法預測時，我們的保衛本能也只好回歸到原始印象，至少要「看起來不容易被欺負」的樣子。這是個處處需要留意的社會，卻不能被戒心淹沒以致失去了做人的樂趣，而光靠自己的力量又不一定做得來，中途得仰賴許多貴人扶持，方能身心健康、平安的成長。

有時我會遇到為著別的問題來訪的個案，談著談著會追溯到學生時代某段痛苦的回憶，那回憶通常不是家庭暴力、家人互動衝突或冷漠，就是夾雜著霸凌，那種隱微的傷痛總需要治療師格外小心呵護，才能娓娓道來。這是個重生的過程，藉由對過往傷痛的重新述說，從重新整理的過程中發現自己已不是小時候無助的自己，現在的自己有足夠的能力保護自己，甚至保護別人。

當然身為家長的我在治療中也佔了些優勢，那就是格外留意門診個案中關於霸凌的陳述。這議題讓我在聆聽過程更敏銳，也容易將其情緒問題與過去經驗做連結，增加晤談的效果。

霸凌者更需關注

我並非要為霸凌者或加害人找台階下，而是主張在討論這麼深沉、嚴肅的問題同時，也要省思一些更全面的問題，以預防日後更多的小霸凌出現。

每當有特定的、聳動的、極暴力的校園霸凌事件出現，總會引來一些討論，有些專家意見相當有遠慮與建設性，然而很快地就像船過水無痕一般被其他更聳動的新聞蓋過，等待事件再次發生時，媒體再炒熱一次。

所以我們必須珍視這些真知灼見，並化為一股內省的力量。李丁讚教授在報上為文發表相關論述，我覺得很有意義，他說：「霸凌，只是冰山一角而已，目前中小學更普遍的問題，其實是排除與歧視。」（二〇一〇年十二月《中國時報・時論廣場》）

他認為更大的社會結構問題與權力分配、社會文化的價值觀等，都是幫兇。我把這些思考分為幾個層面來看，第一個是社會結構的問題，包括失業、貧窮、弱勢家庭造成的貧富懸殊。

社會心理學有個說法稱為「漂流理論」，按照字面上解釋就是水往下流，所以弱勢者常常愈來愈弱勢，貧者愈貧，難以翻身。雖然教育是翻身最大的契機，卻也意味需要付出加倍的努力，才能自貧窮的谷底攀爬上來。在社會底層、邊緣被忽略的族群，也常常與疾病、暴力、犯罪等名詞相關，如果被排除在主流社會之外，沒有固定工作，連基本的溫飽都有問題，或者很辛苦的活著沒有任何安全感，試想在這樣的情況下，人怎能不出現問題呢？

二〇一〇年十二月桃園某國中的霸凌事件佔據了好幾天的報紙版面，一連串爆發開的校園霸凌事件後來愈演愈烈、愈具傳染力，比較像向權威者嗆聲、示威，並連帶使校長道歉下台——其中有個學生就是因為被排除在主流教育之外而出了問題。

這個揚言要開槍射殺老師的學生，因為在進入體育班時愛拉女生內衣肩帶開玩笑，被教練踢出拔河隊，因看見班上同學各有專長，缺乏被認同感並因此產生挫折，質疑「我是不是這個班的？」沒多久就遠離教室，整天在校園「流浪」，在學校或走或坐或躺，就是不願進教室。

前學務主任為了讓他有事做，就帶著他幫學校打掃環境，每天都可以看見他拿著夾子繞校園撿上半天垃圾，孰料當年九月學務主任退休，這個孩子失去關心他的師長，和問題學生愈走愈近。如今，這位曾經鬧得沸沸揚揚的主角不在學校，也不在網咖，而是在工地和父親扛沙、堆磚塊。

使壞的孩子曾經是個好孩子，日後也有可能再變回好孩子，端看我們要不要急著給他貼上「霸凌」標籤。

第二個霸凌幫兇，就是社會整體價值的問題。

我們注重的是升學的考試科目，還是多元的能力發展？相信很多家長都會冠冕堂皇的說「我當然希望小孩五育均衡，快樂就好」。真是這樣嗎？

我讓小孩學靜態才藝，同時也學跆拳道，持續至今約三、四年了。會讓孩子學跆拳道除了小部分虛榮心態，泰半與我工作經驗有關。我曾參與家庭暴力及性侵害處遇業務多年，並帶領過性侵害加害人身心治療與輔導教育課程，深切了解加害人的性格特質，了解社會上處處危險與陷阱，所以跆拳道是我以為讓女兒防身的最佳武器。如果我不能防堵色狼，至少能讓她擁有保護自己的力氣。

在小孩練功開始的階段，我看到一則相關新聞：有個十五歲的女生因認識心懷不軌的網友，被騙至汽車旅館內意圖性侵，那男人沒想到這小女生擁有空手道黑帶背景，沒多久就被打趴了，那小女生氣憤的說：「可惡，居然敢騙我來這裡！那你必須給我計程車錢回家。」對方嚇得只能乖乖照做，女生回家後隨即報警。

雖然這樣做有點危險，但我認為那個女生實在「太酷了」！更強化我想讓女兒練體能的決心。

大約和女兒同期學習的另一女同學，學了兩年後漸漸不來了，因為「升上五年級後課業太重，功課太多」。她的教練感嘆：「一週練一個小時真的不多，學英文的時間都不止了，小孩也需要練練身體啊，不是去公園玩玩溜滑梯就算數，還有心肺功能、平衡、肌力訓練才行。」

我想起最近才揭露的數字：新北市有六二％的小二生已成近視，原因是看電視、打電動及太早學寫字，小孩的活動沒一樣與運動有關。

接送小孩學才藝真的很累，時間被綁住、切割，失去自己的部分自由，我想所有學才藝的父母都有類似疲累感。但是在女兒拿到黑帶的資格證書後，我高興得馬上po上facebook，標題是「我的驕傲」，並開玩笑的說，女兒正朝向老媽期待的文武雙全的境界邁進，沒想到馬上被一個也是媽媽的朋友潑冷水：「小心你女兒嫁不出去啊」。

父母讓小孩學才藝是為了妝點門面、更彰顯課業，還是為了跟上時代不被淘汰？我們會不會指著路邊修馬路、撿垃圾的工人說：「你看，如果你不好好唸書，以後就會做這些工作。」如果我們不能真心接受這些工作，就沒辦法接受什麼「多元價值」「多元學習」，也很可能無法接受多元的、特別的學生。那些沒有被主流接受的學生也許覺得自己被拒絕、心裡很受傷，就跟上述嗆聲開槍的學生一樣。

許多霸凌者會不會都是基於我們的偏見產生？這值得我們大人一起好好想一想。寫這本書的目的亦希望藉由愈來愈多的討論，了解霸凌事件絕非暴力者一人承擔的錯，也不受限於校園內的遏止，而是學習關於對人的包容與尊重的人際議題，也是如何克服壓力挫折的身心健康議題。

認識霸凌：發現暴力的線索

第1章 什麼是霸凌？

暴力就是霸凌，霸凌就是暴力，只是當暴力來臨時許多人渾然不覺，因為它會以各種形式出現，而且任何場景都可能。

根據某項英國地方抽樣研究發現，有四分之一的老師不認為霸凌包括謾罵、散佈謠言、眼神威嚇或掠奪他人財物，他們相信只有打人、脅迫才算是暴力。事實上情緒的騷擾雖然很難界定、證明，但所造成的痛苦程度絕不亞於肢體上的霸凌。

近幾年非常重視、不斷討論的校園霸凌，無非希望將關注角度放在如何從發展基礎上遏止暴力發生，讓本來不該面對暴力的孩子在面臨這樣的情況時學習如何處理，而大人可以藉此再學習一次。

我將全書的重點放在校園霸凌，並非只有與教育工作有關的大人可閱讀，身為父母，不管孩子現在多大，都會想了解孩子在父母轉身之後那塊幽微的祕密花園，即使身為大人的你，霸凌都很可能是隱隱作痛的模糊回憶，所以這本書是個展開理解與產生力量的過程。

漫出校園的霸凌

校園是個微型社會，校園霸凌代表年紀小的人不見得不暴力，環境封閉不代表單純。

多元社會發展下產生的媒體競爭，使得許多暴力畫面不斷重複、甚至美化宣揚，再加上種種社會、教育與家庭問題，讓現今校園霸凌行為隨處可見。根據兒童福利聯盟的研究，如果以國家區分，在美國，平均每四個孩子中就有一人受凌，其中有八％的學生會因為害怕受凌而平均一個月缺課一天；紐西蘭的經驗是約有七五％的學生一年內受凌至少一次；英國則是約有二一～二七%的學生經常受凌。

兒福聯盟在二〇〇四～〇七年所作的連續調查發現，台灣校園中根據統計，大約有六成左右的國小學童曾經受凌，平均每兩個孩子中就有一人有受凌的經驗，其中約一成的孩子是經常、甚至每天都會被同學欺負。

兒盟另外依照霸凌對象的不同，分為霸凌兒童、受凌兒童、旁觀者三類，並用較生動的「多啦A夢」角色加以說明：

▼**霸凌兒童**（胖虎型，bully）：一個在學校或團體中不停對其他同儕或某些特定對象進行傷害、恐嚇、威脅或刻意排擠的兒童。

▼**受凌兒童**（大雄型，targeted children）：為主要被欺負的對象，這些孩子長期被欺負下，對身心健康及發展會有深遠的負面影響。

▼**旁觀者**（小夫型，by standers）：是任何一位知道霸凌正在發生的人，旁觀者「看熱鬧」的心態，會鼓勵、協助霸凌兒童進行傷害性的行為。

（資料來源：二〇〇四年國小兒童校園霸凌現象調查報告）

這樣的分類有助於我們從不同面向了解霸凌的現象，當胖虎與小夫結盟後，大雄如果不找多啦A夢協助的話根本沒辦法自救。不過大雄有時也會因為在意靜香的態度而變得勇敢。

如果有人欺負自己時都會有一位萬能保鑣，最好還能順便解決寫功課、做家事的煩惱，那該有多好？多啦A夢是許多孩子的夢想，最主要應該是能讓小孩一吐怨氣，做做偶而也能捉弄胖虎的美夢。

另外兒福聯盟也發現全台灣至少有二萬個「校園小霸王」經常會對同學「肢體霸凌」，平均每班至少有兩位霸凌者會嘲笑或欺負同學。可怕的是，這些霸凌者中約有三五％是有過受凌經驗而造成的「反擊型霸凌」，以暴制暴的惡性循環正在台灣校園中不斷上演，也顯示校園霸凌預防的重要性。

校園內霸凌議題如此重要，現在甚至超越了對其他霸凌種類的討論（例如職場霸凌也有人討論，但重點放在權力競爭與女性地位上），我想原因在於學校生活之於學生的影響。這是個重要的人格養成教育階段，學生每天在學校生活至少八小時，早在小學階段已有許多孩子在外的時間遠超過在家裡，即使學校只上半日課，安親班會接手剩下的時間有時直到晚餐，然後讓疲累的父母接回。回到家再扣掉睡覺時間，與父母相處時間少之又少，如果父母不盡力維護品質，在假日中稍加彌補，那麼對孩子來說學校生活就是一切了。

門診中常聽到不快樂的孩子（有的是長大後回憶往事時）告訴我，從小父母都幾乎不帶他們出去玩，假日幾乎都說好累要睡覺，偶而去大賣場只是完成功能性目的，即使這樣也勝過什麼地方都不去。他們幾乎沒有共同出遊的照片，平常在家也是各據一方，不知道要跟家人聊什麼……。

那麼校園就是他們僅剩的寄託了，一個有安全感、支持性的校園稍可彌補家庭生活的不足，透過與同儕友誼可以充實感情寄託。許多孩子的發展問題是透過學校班導、輔導老師或安親班老師發現的，例如老師發現孩子在學習上有明顯落後或注意力不集中等狀況，告知家長時再由家長帶來醫院評估；通常做家長的不是太忙，就是沒有注意到孩子有狀況。

所以校園內的問題也是孩子迫切的危機，根據一份高雄市社會局委託研究報告（

〈國中小校園霸凌現況調查之研究：以高雄市為例〉，二〇〇九年）指出，霸凌發生的地點發生在教室內只佔兩成，其餘的大部分發生在教室外、下課後的校外、家裡，這表示同儕的影響不只有在校園，走出校園後在家裡也可能透過網路繼續被校園霸凌，所以如何從校園著手，並且結合校外單位共同努力，就是非常迫切解決的問題。

霸凌的定義

霸凌最常被定義為人與人之間的衝突，按照內政部兒童局在《兒童及少年福利期刊》（二〇〇九年第十五期）中的整理，通常分為三個準則：

▼霸凌是一種衝突方式，內容可能包括身體、言語、性的攻擊，或者採取更間接的方式如關係上的排擠，亦或透過其他科技形式如網路、手機。

▼霸凌是強迫被害者重複被攻擊的行為且達一段時間（不過「一段時間」到底是

多久才足以產生身心影響？目前仍無定論）。

▼霸凌發生在權力不對等的人際關係上，擁有權力者為霸凌者，可能是體格壯碩或在同儕間具影響力者。

許多研究的共通說法為一種持續性、主動、有一定頻率，並且不只是單純的身體傷害，但並不表示單次發生的事件就不是霸凌，所以有的研究也將「單次嚴重的欺負行為」納入。

台中市一名國中男生被校方查出帶菸到學校，因為供出曾和另外兩個好友一起抽菸，引發另兩人不滿自己被「出賣」，於是在下課時間對他拳打腳踢出氣一番，沒多久該生被送往醫院，出現血尿並休克，醫院發現左腎嚴重破裂大出血，緊急將左腎切除。

這三個學生平常其實就玩在一起，該生過去也不曾被另兩人欺負過，只因為單次事件而心生不滿產生不當暴力。事後這兩名學生很後悔也想道歉，但傷害已經造成：「只是想教訓他，沒想到後果這麼嚴重！」後來被警方以重傷害罪移送法辦。

所以暴力事件的處理有難度，很需要智慧。上述事件雖未被學校歸納為霸凌，結果卻訴諸法律與刑事責任，除了當事人的身心需要照顧，盛怒的當事人父母、沒料到後果的闖禍學生、闖禍學生的父母，這些人的情緒也需要照顧，以免造成日後揮之不去的心理創傷。

台灣在立法上有關暴力的相關定義，明訂得最清楚的關係暴力莫過於家庭暴力，讓我們先來看看〈家庭暴力防治法〉關於「家庭暴力」的定義。按照〈家庭暴力防治法〉第二條的規定，「家庭暴力」指的是「家庭成員間實施身體或精神上不法侵害的行為」，身體上指的不單單是外力傷害，也包括遺棄、強迫、引誘從事不正當的職業或行為、濫用親權等。

精神上的不法侵害包括言詞虐待、心理虐待、性虐待。言詞與性虐待不難理解，我們該注意的是心理虐待，它指的是竊聽、監視、冷漠、鄙視、羞辱、不實指控等等足以引起個人精神痛苦的不當行為。所以即使父母並沒有毒打小孩，但消極的忽略，不給予成長過程中該有的關注，也可以視為虐待。

這麼說來，如果為人父母偷聽子女講電話，算得上精神虐待中的「竊聽」嗎？

當然不能這麼看，大部分的父母這麼做，無非是基於關心、防止子女偏差行為的立場，立意上並無不妥，而且雖然會引起子女的抗議，但子女可感受到父母的出發點是關心，也不至於造成「精神上的重大痛苦」，所以還是得看實際情況而定，不要矯枉過正的解釋它。

從以上關於家庭暴力的說明可知，不管是「霸凌」還是「暴力」，我們該注意的是廣義說法，而非單就字面做解釋。就暴力來說，當然不僅限於肢體上的，雖然這樣的傷害顯而易見，但看不見的傷更痛更具腐蝕效果，會一點一滴消磨、影響我們的心智健康，讓我們失去警覺性，等到發覺時需要花更多時間走出陰霾。

我曾和一個高中男生晤談，談來談去談不出具體的內容。他與同學相處沒有太大問題，功課也不錯，由於我不懂他的不開心從何而來，所以開始轉向對家庭生活的了解。一開始也聽不出有何不對勁，父母是老師，也算高學歷的菁英份子，能教出公立高中的兒子也不令人意外。

結果證明我不完全對。當我聽到他的話尾巴中好像有欲言又止的語氣，進一步追問：「你說爸爸不打你但管很嚴是什麼意思？」

「啊沒有啦，我知道他關心我的功課，只是要是我成績沒有前三名，他就覺得這不像是他的小孩……」這話有蹊蹺，好像話中有話。我聽不太懂，「不像他的小孩」到底是什麼意思？於是發揮蘇格拉底的精神追問，才吐露：「就是會說『如果這麼笨一定是雜種，我的種才不會這樣』之類的。」

話還能說得更重嗎？還有比這個更粗或更髒的話讓子女留下烙印嗎？「就是會說『按陰陽』（聲音經馬賽克處理）之類的」，他羞於承認教養好的菁英父母也會罵髒話，尤其是對自己的兒子，所以一定是他做錯了什麼，才會讓父母這麼失控。

同樣的，受凌者會認為自己一定也做錯了什麼，不懂得交朋友才落到被人排擠的下場，所以即使不是「單次嚴重的暴力」，這樣的慢性暴力具殺傷力的程度絕對不容小覷。有個身型壯碩外表平凡的女生告訴我，班上男生會直接在她背後說「好胖好醜」之類的話，完全沒有要小聲批評的意思，不過她在認知上不認為那是暴力：「他們沒對我做什麼，也不算欺負我啦。」

被欺凌久了缺乏自覺，只要沒有變得更壞就覺得不算壞了，她不覺得自己受凌，卻無法解釋為什麼要來看精神科。如果覺得這樣也沒什麼，自己也沒有心情不好，那為什麼要就醫？她的自我解釋是：「媽媽希望我來調整人際關係。」如果已經建立在一個不平等的地位上，那要如何調整人際關係？無異緣木求魚。

「個性如何」和「別人怎麼對待你」常常是兩回事，個性封閉退縮的人不代表就該被欺負，如同對家暴的迷思一樣：「一定是太太說了什麼刺激先生的話，才會逼先生出手。」我們應該重新思考人有免於暴力、恐懼的自由，人有被尊重的權利。

霸凌的種種面貌

「霸凌」這個新名詞在這幾年成為熱門名詞，其實由來已久，它可以是我們更生活化的說法：攻擊行為、暴力等等，主事者是「霸凌」「加害者」，針對的對象則是「被欺負」「受害者」。

如果查字典關於「霸凌」（bullying）的解釋，當名詞時是無賴、欺負弱小之意，當動詞時是恐嚇威脅的意思。並非要如同電影《艋舺》的情節，拿傢伙逞凶鬥狠，受傷流血才算是霸凌，它漸漸受到正視的理由，在於它的傷害與影響性。霸凌事件所動用到的社會資源，當事人本身受到長遠的心理、情緒傷害，在在逼我們必須面對這個嚴肅的現象。

二〇一〇年發生了幾起嚴重的校園霸凌事件，於是教育部開始重申校園倫理、杜絕霸凌行為。根據兒福聯盟研究，國中小經常霸凌同學的學生約占七%，其中以「關係霸凌」最常見；而中山大學針對國中、高中、高職等中等學校為研究對象發現，霸凌者占一〇・三%、受凌者有一〇・一%、旁觀霸凌者達二八・六%。

也就是說，我們小時候可能直接或間接做了霸凌的事而不自知，或者自己受凌了卻不知道那就是霸凌，等到長大了才發現傷口。而自以為不受霸凌影響的人說不定也旁觀、助長了某些霸凌行為。

例如某個人聯合幾個同學不理會、排擠另一個，利用的就是友情攻勢：「如果你們跟她好的話，我就不理你們了」，如果講這話的人又是同儕亟欲拉攏的對象，那麼她的威脅就算是霸凌行為，也就是上述所提的關係霸凌。

有個朋友長大後回想自己在國中時的行為，有些慚愧的說：「我小時候好像當過霸凌耶，我曾經叫幾個要好的同學不要理某個女同學，害她好可憐，到畢業都好像沒有什麼朋友……可是我也是被逼的啊，如果我不這麼做我也會被排擠啊。」

小時的懵懂加上缺乏大人的適時引導與教育，結果卻花更大的代價去適應社會實在很冤枉；不如早一步建立對霸凌的了解，並採取避免霸凌的種種方法，如培養孩子的同理心，增加他們的人際技巧與因應人際挫折的方式。

首先要理解霸凌會以各種面貌出現，霸凌的型態根據兒童福利聯盟的分類有以下幾種，而這幾種通常也混合發生：

▼**肢體霸凌**：這是最容易辨認的霸凌型態，包括踢、打、搶奪、恫赫、破壞物品（毀損課本或學用品）、使人絆倒，以及其他肢體暴力，例如把人關在某個狹小空間、脫褲子、把蟑螂丟在桌上、把頭壓到馬桶裡等混合羞辱與性的霸凌。這種霸凌者男生比女生常見，而且隨著年齡增長手段會更激烈。

▼**言語霸凌**：利用語言威脅、嘲笑或刺傷他人，包括取綽號、嘲笑、以模仿的方式戲弄別人，辱罵、叫囂、貶損，當孩子還小時言語霸凌的內容集中在外貌（矮、怪、醜、胖），智能低下反應慢（白癡、呆、笨豬）；當孩子漸漸長大時羞辱話

題則可能包括更憎恨的字眼（如人渣、敗類），攻擊對方的性特徵、傾向或喜好（罵人「娘炮」「大奶媽」），種族歧視（皮膚黑是「很髒沒洗乾淨」，用手吃飯是「野蠻人」），甚至是對外貌、智能變本加厲的詆毀（怪胎怪物、智障）。長期的言語霸凌足以使孩子的自尊受到嚴重打擊。

▼**關係霸凌：**操弄人際關係的行為，包括直接控制友誼（避開、排擠某人），切斷當事人與其他人的連結；較間接的方式還有流傳負面八卦、製造謠言、奚落、惡作劇等，例如公開他的告白情書讓他難堪，通常會結合言語霸凌的形式。關係霸凌的表現也可能十分微妙，有時只要是某個自己十分在意的同學給自己一個眼神、表情，就足以讓當事人難過或生氣。關係霸凌有時很難察覺，而女生比男生更善於操弄這種方式，一些心照不宣的身體小動作，看一眼、瞪一下，做出竊竊私語的動作，就能造成霸凌的影響。

▼**性別霸凌或性霸凌：**被他人以和「性」有關的言語、行為或影像侵犯，在定義上也與「性騷擾」相同。校園間的性別霸凌通常發生在性徵明顯與其他人不同者，如發育得較慢、較矮，或者相對的發育快、性特徵明顯，它也可能用來當做欺凌

手段結合言語形式，如與人交惡罵對方「援交妹」等。

▼**反擊型霸凌：**受凌者對霸凌者的報復，通常是受到長期欺壓之後展開的直接攻擊行為，或攻擊更弱勢者，例如近幾年美國發生的數起校園槍擊事件。最著名的例子莫過於二〇〇七年四月發生於美國維吉尼亞理工大學的校園槍擊事件，造成美國校園治安史上最慘重的死傷，一名南韓裔學生開槍濫射至少造成三十二名學生喪生，兇手隨後飲彈自戕，其背後複雜的因素除了個人病態的扭曲性格，也包括他因經常被同學嘲笑、排擠或毆打，而展開的反擊型報復。

▼**科技霸凌：**這是最新的霸凌形式，所有電子形式的霸凌都算此類，如簡訊、語音留言、電子信件、網站、影像、即時訊息等。這類霸凌讓傷害變得非常複雜，因為這個傷害可能一傳十、十傳百，結果受害者是最後一個才知道，或者到頭來根本不知道，加上父母等主要照顧者對科技產品的不熟悉，也減緩了處理的有效性。科技霸凌（包括網路與電子設備）的特色是易於執行，霸凌者可以匿名方式躲在暗處，更加深處理的難度。它可以拿來騷擾、羞辱、醜化別人，一張照片（不管是真實的還是移花接木）都可以斷章取義的拿來解釋，或者只是一個簡單的轉

寄動作，都可以變成霸凌的幫兇。和性霸凌的相同的是，看似不經意的戲弄會造成自己無法預料的殺傷力，網路可以載舟也可以覆舟，許多霸凌案件是透過網路PO上畫面才被發現的，它的傳播力量既可以形成霸凌，也可以阻止霸凌。

以上描述這幾種霸凌形式端看霸凌者的心態，當看一個同學不順眼時，可以在學校用言語羞辱，有機會的話就推他一下，回到家開了電腦連上網路，又可以用不同形式繼續惡作劇，散佈八卦。

根據〈性騷擾防治法〉，性別霸凌的相關定義係指性侵害犯罪以外，對他人實施違反其意願而與性或性別有關之行為，且有下列情形之一者：

一、以該他人順服或拒絕該行為，做為其獲得、喪失或減損與工作、教育、訓練、服務、計畫、活動有關權益之條件。

二、以展示或播送文字、圖畫、聲音、影像或其他物品之方式，或以歧視、侮辱之言行，或以他法，而有損害他人人格尊嚴，或造成使人心生畏怖、感受敵意或冒犯之情境，或不當影響其工作、教育、訓練、服務、計畫、活動或正常生活之進行。

在罰則方面輕則一萬元以上罰鍰，重則二年以下有期徒刑。未成年的性與性別霸凌通常易被輕忽為「小孩子不懂事」，等到觸法時雖然法官會從輕量刑但已後悔莫及。

檢核表
CHECKPOINT

霸凌的面貌

持續、主動、有一定頻率的各種形式的攻擊，單次嚴重的欺凌亦可包括在內。故一兩次的欺凌或攻擊，與多次不明顯的、非肢體暴力，都有可能是霸凌。

應留意孩子是否遭遇以下的對待：

□孩子身上有傷痕、踢打的痕跡，身邊東西遺失或毀損疑似被搶奪、破壞，或雖無明顯傷痕但有訴說被捉弄、絆倒等經驗（肢體霸凌）。

□觀察到或孩子主訴被嘲笑威脅、超乎玩笑的辱罵，出現不雅的字眼如粗話髒話（言語霸凌）。

□長期受到人際問題的困擾，如告訴你被朋友同學排擠、絕交或不予理會，或者被八卦流言所困擾，被朋友惡作劇、奚落、散佈謠言等（關係霸凌）。

□表達與「性」有關的不愉快經驗，如取笑性特徵、胸部或性器的外貌，開與自己有關的黃腔，照片被合成或移花接木成不堪的影像（性別或性霸凌）。

□曾經被欺負過，開始演變成欺負比自己幼小或弱勢的同學，行為上變得更暴力（反擊型霸凌）。

□以上第二、三、四項的各種遭遇利用電子形式如簡訊、語音留言、e-mail、影像、網站、即時通等來表示（科技霸凌）。

第2章 找出霸凌

霸凌問題要搬到檯面上解決、討論，首先得先發現有霸凌的情況。許多霸凌其實常常持續一段時間後才被第三者發現，那麼要如何發現更多檯面下的霸凌？霸凌者不說，受凌者不敢說，只有靠周遭大人敏銳的觀察，才能直達心理與情緒的底層。

受凌的各種創傷

例如孩子最近放學後只想窩在家裡不想出門，要求父母接送不願意自己去上學，不想講在學校發生的事，在學校的表現突然一落千丈……。

被帶來精神科的受凌者通常已有情緒症狀產生，並已經影響正常生活表現。當事人的主觀陳述有時是不可靠的，關於這點精神科的醫療人員相當有經驗，我們經常面對病患高估或低估自己的心理健康狀況，孩子不敢告訴大人的外在理由如「擔心大人不相信」或「不相信大人有辦法幫自己」，內在理由如「不知道這是霸凌」「自己應該可以搞定」「好丟臉」「自己是遜咖」「是自己沒用」等，人會有自己的防衛機制來因應目前的情境，但不代表是自己的真實感受，所以要從主訴以外的層面來發掘真相。霸凌行為可能帶來以下創傷的影響：

▼**學業適應障礙**：學業中斷或拒學。很明顯的會發現他星期一到五都說不想上學，突然頭暈肚子痛一定要請病假，到了週末又變得好好的。

▼**認知調控障礙**：形成自我、他人、未來世界的黑色三角，例如自己是無用的，別人是不會幫助自己的，未來生活當然也就一片漆黑。

▼**情緒調控障礙**：焦慮、憂鬱的相關症狀。在壓力之下的情緒失調反應，心情起伏

大（焦慮）或是整體低落（憂鬱），或者兩者混合出現。兒童或青少年期的憂鬱特色是易怒，易被大人誤認為叛逆。

▼**行為調控障礙**：包括自傷、傷人，物質濫用（菸、酒、其他物質如毒品）。當壓力無法適當的紓解時，人的衝動性便會上升產生外在的行為衝突，向內的發洩方式就是麻痹在某種物質裡得到短暫的平靜。

▼**人際調控障礙**：包括封閉、疏離、衝突。霸凌最直接影響到接下來的人際品質，不管是否選擇抵抗，結果都是更多的排擠或忽視，有些人選擇封閉自己不想再受傷，不輕易與人互動。

▼**精神病理方面**：可能是各種情緒性疾病，例如憂鬱症狀持續了兩週以上就需考量是否為憂鬱症，如果低落的心情持續兩年以上，就須考量是否為長期型憂鬱症。

以上的各種障礙如果包含多項，例如情感調適障礙並有自我傷害及衝動的行為、人際退縮、強烈的無助感等，且有明顯的證據表示這些症狀是因霸凌而產生的，我們可以考量當事人是否有「創傷後壓力症候群」（Post-traumatic Stress Disorder,

PTSD），它會帶來更明顯的逃避或退縮反應，警覺度增加（或驚嚇），如果症狀少於三個月稱「急性」，症狀到達三個月或更長稱「慢性」，若壓力事件與症狀的初次發作間隔了六個月以上則稱做「延遲發作」。

即使當事人的主觀感受並無異狀，但你的身體比你的主訴誠實多了，情緒的症狀會用各種方式提醒你：你開始會不斷做噩夢，身體很多不舒服卻又檢查不出什麼毛病，開始放棄平常喜歡的興趣喜好，你的改變代表你的不對勁，只是自己還沒心理準備去了解。

一個門診的高中女生堅稱自己「只是身體不舒服」「容易頭疼」罷了，但近幾個月以來身體卻很奇怪的僵硬，走路緩慢歪斜像壞掉的機器人，講話也會突然卡住，只能勉強用單字表達，而且似乎要費盡所有力氣才有辦法說話，於是她的「我很好啊」「沒事」變成荒謬的欲蓋彌彰。我說：「既然你沒事，那為什麼要看這麼多醫生做這麼多檢查？我不相信你沒事，只是還不知道你發生了什麼事。」她很驚訝，開始想跟我說些什麼，只是喉嚨卡得更厲害，愈急愈說不出來。於是我益發相信她的生活中一定遭遇了什麼。

當我們遇到霸凌時，一開始會有生氣、沮喪、悲傷哭泣等種種豐富的感覺，但接著發現無力改變時，開始變得安靜、容易放棄、認命，然後就可能像上述女孩一樣變得麻木沒有感覺。

所以不管那是不是霸凌，即使周遭朋友堅稱「只是開玩笑」，只要當事人覺得真的不好笑、不舒服，為人父母或師長就必須積極處理，也讓當事人了解自己的不舒服有權利讓他們知道。

好玩？還是霸凌？

「只是好玩而已」常常是處理霸凌事件之前最需要釐清的部分。有時大人會認為這只是比較嚴重的打鬧罷了，哪個小孩不打打鬧鬧？而小孩當事人也很無辜的以為，自己只是開開玩笑，或者是以好玩為由，合理化霸凌的行為。

台中縣一名國一男生某天下課時在座位上抄聯絡簿，莫名奇妙被同學朝後腦杓揮了一拳，回家後出現頭暈、想吐的症狀，就醫後診斷為右側內耳三半規管平衡功能失調。被打之後常感到天旋地轉，想吐，注意力難集中，成績也退步，無法好好躺著睡覺，請了幾個月病假。

事發之後他轉班，那位同學則被記一支小過，但是他受凌的情況並沒有好轉，他說，「同學都說我裝病，會故意打我的頭」「說我請假是請『假』的」。

過了幾個月又有兩個同班男生打他的頭，導致他暈眩合併嘔吐症狀加重。母親很心痛，氣憤的說：「學校每次總說小孩子鬧著玩……我忍無可忍才告×××傷害。」被告的少年向警察表示，平時和他並沒有交集，也沒講過話，只是「因為無聊，想跟他開個玩笑」。警方則依傷害罪移送法辦，可處三年以下有期徒刑。

這個事件顯示學校對霸凌的處理虎頭蛇尾，事情發生時雖處分了作弄的學生，卻未充分告知學生要尊重他人，同理他人，讓他們了解這種行為並不好玩，才會又衍生第二次傷害。

有時連老師都難以拿捏「好玩」與「霸凌」的不同，台北市衛生局心理衛生中心印製的〈如何化解校園霸凌現象〉宣導文中，提供一些判斷的依據讓大家可清楚分辨，我將其中內容再做整理如下。

▼**面部表情**：打鬧時雙方表情是高興或愉悅的，霸凌時至少有一方表情是害怕、糾結，而霸凌者表情也常常較猙獰。

▼**參與意願**：玩鬧是孩子可以決定要不要參加，而霸凌常是被迫或被挑釁而參加。

▼**用力程度**：玩鬧時通常不會使盡力氣傷害他人，而霸凌常常會演變到激動、衝動而失控。

▼**角色是否可轉換**：玩鬧時孩子是你打（推）我、我打（推）你，而霸凌的角色關係（施暴者—受暴者）通常是固定的。

▼**是否群聚**：玩鬧結束後孩子還是會一起玩，霸凌結束後大家常常一哄而散。

▼**蓄意程度**：玩鬧是無意要傷害他人，霸凌者是有意圖傷害其他人，並要造成這種結果。

▼**重複發生**：霸凌現象常會重複發生，而且特定的孩子可能長期受到欺壓。

當我們在拿捏到底是玩鬧還是霸凌的尺度時，並非與上述吻合愈多項才是霸凌，有時發生過程我們並不清楚細節，無法判斷，就上述例子來看，雖然當事人被打的次數不多，動手者也似乎認為自己是玩鬧、無意傷害他人，但結果足以造成他巨大的心理痛苦與身體創傷，所以仍舊當霸凌事件來處理。

基隆市某綜合學校（即從國小、國中到高中皆有）有一棟大樓，四樓以下是小學生，四樓以上是高中生，曾有高中生上學時會逗弄小學生，摸摸臉、捏捏臉頰，讓有的小學生嚇得不敢上學，所以校方在牆上貼「禁止逗弄小學生」的標語。

自以為親切的動作，在他人眼裡都可能是霸凌，我們需要不斷學習與人相處的尺度，如何才能不侵犯到他人又能表達自己。就上述的綜合學校為例，如果校方可以進一步指派捉弄的學生一些任務，如讓他們當小學生放學路隊的糾察隊，或者幫忙低年級生打掃教室，就能夠讓他們更懂得用心疼惜這些可愛的小學生。

「玫瑰少年」葉永鋕事件

國內最有名的性霸凌事件「玫瑰少年」葉永鋕，激起當時社會許多深沉的討論，也開啟了對校園霸凌相關議題的重視，這是個重要的里程碑，也是了解霸凌始末的重要教材，我引用當時媒體的綜合報導再整理如下：

葉永鋕從小是被認為具有女性氣質的男孩子，他的聲音比一般男生細，也常出現蘭花指的小動作。雖然他並不算內向，但好朋友多半是女生。

他小時候喜歡用小鏟子翻炒樹葉和泥沙假裝炒菜，上學後會跟老師討論學校的營養午餐，只要和飲食有關的他都有自信與興趣，很早他就下定決心朝餐飲業發展。葉永鋕的人格特質比一般男孩子細膩，老師變換髮型他必定第一個發現且讚美，老師上課喝的飲料他也如數家珍；曾有一次全班只有他發覺任教的女老師臉色不好，便到福利社自掏腰包買了木瓜牛奶，還向老師解釋含糖的飲料可以改善血糖偏低的狀況。

但在國中男生之間卻較難接受這樣的他，因而常遭受同學嘲笑（笑他像女生，噁心變態），甚至有同學打他、一群人聯合起來脫他的褲子以「驗明正身」。他的母親回憶說：「永鋕就讀國中後，曾經跟我說同學在學校會抓著他，要脫他的褲子。」儘管母親向學校反應，情況並未改善，以致他下課時間不敢上廁所。

甚至他尖細的聲音也能成為取笑的話題，而且連保守的老師也難逃性別刻板印象。有一次老師叫他唸課文，唸完之後老師說他唸錯了，不是發音錯誤，而是「聲音不對」，在全班哄堂大笑中他不知道自己錯在哪裡？

他被迫採取四種不同的上廁所方式：一、提早幾分鐘下課，二、找要好的男同學陪同，三、上課鐘響後使用女生廁所，四、使用教職員廁所。

二〇〇〇年四月二十日，國三的葉永鋕在第四節下課前大約五分鐘時，經老師許可後離開教室上廁所，卻一去不回，到最後一堂下課都沒有返回教室，後來他被發現倒臥在廁所的血泊之中，送醫後隔日去世。

他究竟是意外受傷還是遭到同學惡意攻擊，真相已難釐清，但也因為從這起事件中社會學到的教訓，成為社運界和教育界推動性別平等教育法的重要關鍵，喚起各界對性別平等教育的重視。

葉永鋕事件後來由教育部出資拍攝《玫瑰少年》一片，當成目前校園的重要性別平等教材，很多性別團體都認為，葉永鋕事件是台灣重視性平教育的重要轉折點。也因此，性別平等教育法修正案立法通過，將「性霸凌」也納入規範，台灣性別平等教育從此走向另一個起點。

針對手段不如探索本質

立法院院會在二〇一一年七月通過〈性別平等教育法部分條文修正案〉，將罵人「死gay」「娘砲」「男人婆」等性霸凌行為，比照性侵害、性騷擾予以規範，最重可依校規予以退學處分。

但不是所有玩笑話都屬「性霸凌」，須讓受凌的一方感到受侮辱或不舒服，向老師報告並請求處置，才會啟動性別平等調查機制，若只是學生之間的開玩笑，學校不會主動介入處理。

這雖然顯示出政府欲遏止霸凌的決心，但接踵而來的問題，第一是許多長期受凌的對象若等不到「拯救者」，是不會主動告知學校的，亦有曾經告訴老師，看到老師不積極處理也就不想再求助了。第二，如果事件發生在年紀較小的小學或國中環境，祭出「退學」處分無法解決問題（在義務教育階段就用極端的手段，顯示大人的退縮無能），應先輔導、改正學生的偏差行為，加強性別平等教育。第三，明訂一些不雅的、涉及污辱的字眼治標不治本，台灣同志諮詢熱線協會理事喀飛認為，問題不在於用什麼語言辱罵性別傾向不同的人，而在於學校、社會等整體環境仍未落實性別平等教育，「今天禁了『娘砲』，明天出現新的名詞該怎麼禁呢？」

侵略與攻擊都是人的本能，許多心理學家都同意並研究這塊領域，所以研究霸凌的眼光應放在霸凌背後關於慾望、侵略、權力、人際互動等關於人的本質，才能由本質著手找出因應對策，而不是放在霸凌的手段，手段會隨著後天學習而有不同。

我才一歲半的姪女表達憤怒的方式非常直接，在保母家面對其他年紀的孩子也需要保母抱抱時，她的方式就是直接往對方的手臂咬下去。長得愈大，孩子學會更多手段：不直接出手，而是在大人背後作勢威脅；向大人告狀；言語責罵。現在我念小三的女兒學到更「進階」的方式，她爭取注意的方式不是打壓妹妹引來媽媽的責罵，而是轉而用很哀怨口氣說：「媽媽你對妹妹都比較溫柔，對我都好兇。」然後就會成功的喚起媽媽的罪惡感，急急的辯解，摸摸她的頭抱抱她說：「我對你有很兇嗎？我也很愛你啊。」

了解霸凌定義與分類只是個開端，讓我們知道霸凌會用哪些形式做包裝，消滅了這個，又會以其他變種的方式出現。最好的方式是克服面對問題時的恐懼與衝突，產生對抗的力量。

檢核表

CHECKPOINT

發現霸凌

透過以下觀察發現孩子是否遭到霸凌，亦可看出霸凌造成的影響：

□學業中斷或拒學，平常要上學就說不舒服、頭痛肚子痛，假日又無異狀（學業上）。

□對自己失去信心，無力感，拒絕他人幫助或向他人坦露心事，對未來生活也有灰暗的想法（認知上）。

□情緒起伏變化大，容易生氣，或者整體心情低落、沒有活力，也有可能兩者皆有（情緒上）。

□衝動性增加，遇小事易激動，傷害自己或他人，或者有物質濫用的危險（行為上）。

□人際關係突然改變，包括不參加聚會、喜歡獨處、易與人吵架等（人際關係上）。

□以上的種種問題已經造成整體生活功能有明顯障礙，無法正常上學與生活，則須考量精神病理上的因素，並應盡速就醫（症狀上）。

第3章 誰在霸凌？

前面已提到，校園霸凌與校園外的各種因素息息相關，如果我們只單純聚焦在校園，就會失去了解問題全貌的機會。一個孩子從小被家暴，到國小國中遇到類似的遭遇失去了因應能力，我們能說問題都在校園中嗎？霸凌是許多問題累積的爆點，由公共衛生的角度看，霸凌的危機因素包括孩子所處的社會、文化環境所有面向，而且是多面向的影響孩子行為，了解這些危險因素有助於介入並解決問題，這些多面向的了解也會在下一篇〈對付霸凌〉中做三級預防的統整。

霸凌的危險因素大致分為家庭因素、學校環境因素、個人特質因素（參見《兒童及少年福利期刊》，二〇〇九年第十五期，內政部兒童局出版），分別陳述如下。

危險因素一：家庭

家庭暴力多來自父母，父母的暴力多半會因為權力優勢而得到縱容，幸好現在〈家庭暴力防治法〉等相關法律能有部分嚇阻的功用。可以想見受到父母霸凌的孩子，若在校園再遭到霸凌，那種習得的無助（learned helplessness）會讓他更不願意開口求助。

其中包括親子關係、父母監督與教養、家庭社經地位、家庭衝突、家庭結構等面向。在《青少年暴力行為》（中華民國犯罪學學會出版）一書指出，暴力犯罪家庭有幾個特徵：

- 父母親因離婚分居或一方死亡、入監服刑造成家庭功能喪失或結構破碎。
- 父母關係與親子關係疏離或緊張衝突，以致婚姻和諧度與滿意度均低。

▼父母職業聲望或收入水準、社會經濟地位較差並影響家庭功能。
▼父親或母親常不在家，孩子不了解父或母親的工作。
▼父母管教態度不一致，以致無法發揮親職管教功能。
▼父親或母親一方死亡，或與父母親接觸時間少、隔代教養或由非親生父母撫養的比例較高。
▼家庭成員中有犯罪紀錄或偏差行為的比例較高。

以上這些只是結構性問題，結構不完整不一定會造成互動問題，這個研究出現許多研究都會有的通則毛病，因為必須涵蓋所有可能，到頭來許多家庭都具有上述的特點之一，卻未出現犯罪的青少年，單親家庭的孩子也能在其他互補性家長的養育下健康成長。

我認為，態度更決定一切，父母的高權威、高批評式教養態度最是讓孩子容易被同儕霸凌，研究發現體罰行為與強制手段與霸凌高度相關。例如我遇過青少年的父母不准其擁有私人空間（不只不能鎖房門，且不能關門），嚴格規範作息時間，雖然給予手機卻任意檢查，想到就翻看書包抽屜，並用「我是關心你」的理由反駁子女的抗議。在家裡不受重視的結果，只會讓孩子往外尋求認同，只要在學校遭受到一點點挫折，便足以成為壓垮這個孩子的最後一根稻草。

某單親個案的父親告訴我，孩子如果在家整天無所事事、發呆放空、無聊懶散，是不是精神狀態有問題？我和孩子晤談後他告訴我，父親在家時他都不能打電腦，也不能看喜歡的卡通，但他又不想看父親允許的新聞等其他節目，於是寧可什麼都不看，發呆算了，至少思考是自由的，他都在與心中的漫畫偶像對話，幻想情節。

或者如上述所提的父母關係不和諧，有的父母會叫小孩進房間，以為這樣就看不見父母衝突，殊不知小孩已打從心裡厭惡大人的虛假；如果目睹父親對母親施暴，即使父母親個別都對自己很慈愛，其孩子的攻擊行為也較一般孩子高。

手足之間的霸凌也需要注意。《英國發展心理學雜誌》（*British Journal of Developmental Psychology*）在二〇〇九年的一份報告中指出，家有兄長的孩子是最容易受凌的一群，男生比女生更容易欺負年幼的弟妹。哥哥是手足霸凌中的霸凌者，其欺凌行為可能為維護自己的統治、權力地位。

女生的欺凌因素與出生序無關，與手足關係不睦有關。女生在權力的獲得上較吃虧，長女有時不如長男，姊姊也有可能被底下的弟妹霸凌，只要弟妹向父母告狀，說「姊姊打我」，通常會招來認為「要禮讓弟妹」觀念的父母的責備，甚至體罰。有個女生和親生媽媽、「新爸爸」與「他們的弟弟」一起住，她告訴我每次整理完櫃子就常被弟弟再次弄亂，只要媽媽來檢查時弟弟說是姊姊弄亂的，「我就死定了」，她這樣告訴我。這個女生在學校有一堆問題，經常性的說謊、偷竊，陪她來的阿嬤倒是很心疼：「這個孩子也是可憐喔。」當我打給她的母親要了解何時回門診時，電話那頭卻堅稱自己「是她阿姨」，讓我感到十分困惑。此時的親子關係非但不是助力而是阻力，母親不但無法阻止手足霸凌，也無法調解紛爭減少衝突，無疑又製造出一個未來的小霸凌。

危險因素二：學校環境

學校環境本應是學習與成長的空間，並非微型的成人社會，所以社會上弱肉強食的景象不該出現在校園中，也不是校園裡正常的文化。校園文化應該是學習的、友善的。

所以我並不贊同父母把校園霸凌的處理當成成人社會的投射，以牙還牙：他打你，你就給他打回來！如此一來跟幼稚小童的行為有何不同？我同樣不主張冷處理，告訴他躲開就沒事了，長大後你會遇到更多，不如現在早點習慣等等。大人需要以更成熟、有智慧的方式帶領小孩的成長。

除了同儕關係，學校裡還有師生關係。一個國中男生不喜歡他的數學老師，他告訴我，不只是他，班上很多人都不喜歡，而他不喜歡的方式很直接，就是數學考卷不寫繳白卷，零分就零分。矛盾的是他想念的學校又需要好成績，我告訴他：「你不喜歡的是老師，為何要拿成績出氣？這樣抗議老師會有用嗎？」有的老師情緒控制出了問題，會把自己的情緒發洩在學生身上，像這位數學老師：「有一次我們要午睡，他莫名奇妙衝到班上把我們大罵一頓。」如果老師有不適任的問題，如何能處理霸凌？也有因為老師沒有排解學生之間糾紛的能力而讓學生沒安全感，例如不管理由只管記過，難以讓學生服氣。

人本教育基金會公佈一份〈二〇一一年校園現況問卷調查報告〉，針對二十二個縣市各一千多名國中及國小生問卷調查發現，將近五分之一國中小學生遭受過老師的言語暴力，最嚴厲的辱罵包括「笨」「廢物」「你們是最爛的一班」，甚至出現三字經。

老師體罰的方式也相當多樣：六四%的國小有老師打學生或要學生自打的情況，五六・七%的國中有老師會罰學生交互蹲跳、起立蹲下、鴨子走路、青蛙跳。執行長馮喬蘭表示目前有三個個案因不當體罰而送醫急救。老師並非校園霸凌的主因，但不當的管教卻對孩子影響深遠。

另外校園生活的滿意程度，校風、學校社團等校園品質也與校園偏差行為有相關。例如轉學會造成學校適應上的部分困難，久而久之成為學校邊緣、弱勢人物，極易成為霸凌或受凌的對象。

同儕品質端看校風的塑成。我聽聞有的學校重視課業表現與競爭，較不注重同儕互動品質，以至於搞小團體情況之嚴重，到了每個人非選邊站不可，不想選邊站就只能靠邊站，整天耳語不斷。也有學校校風較開放，學校社團多活動多，每個人都有屬於自己的成就感，氣氛較溫暖與接納。

校園成績表現則與霸凌沒有必然關係，雖然成績表現會影響自信程度，但據我的經驗，功課極好的學生比起平庸的學生，對成績更在意更有得失心，甚至會以為「是因為自己功課好才會有朋友」，這樣的學生也易被同儕操弄。學業成績不佳的學生則較易有翹課、逃學的問題，這兩者與偏差或暴力行為都有密切關係。

除了人的因素，有時環境的物理特性，例如空間品質、校園所在位置等看似無關的部分也可能間接促成霸凌。有一次唸小二的女兒氣沖沖的告訴我：「我今天被『霸凌』了。」（這個名詞連小童都耳熟能詳了）細問之下才知道，原來校園最近整修，操場圍起來重鋪跑道，體育課暫停，下課時大家只能沿著走廊活動，放學時更為擁擠，當天各路隊集合時有些推擠，女兒被前面的高年級學生兇：「擠什麼擠啊？」並對女兒旁邊略胖的同學補上一句：「哼，小胖妹！」惹得女兒十分不高興，但又忌憚他們年紀較長，敢怒不敢言。

事後，女兒偶而還會憤慨的提起此事，並有感而發：「我要趕快成為高年級，等到上高年級之後，就沒有人敢欺負我了。」這是小孩的天真之詞，卻反映出霸凌的潛在威脅，連地理因素都有可能。如果學校附近的環境有八大行業如電玩、酒店、卡拉OK或其他暗藏色情行業、幫派聚集的場所等環伺，也都可能影響學子的社會學習。

危險因素三：個人特質

上述提到形成霸凌可能的外在脆弱因素，讓霸凌者成為潛在暴力者，或者讓受凌者更像個受凌者。不管是什麼特質的人遇到環境的脆弱結構，都有可能成為霸凌者（或受凌者），當然他們也各自有獨特的內在脆弱因子，如人格特質，讓他們更像那一類的人，這會在下一篇〈對付霸凌〉中繼續討論。

更多時候，霸凌者（或受凌者）是受到內外在雙重影響夾擊下產生的，所謂的先天不足後天失調，心理學上對霸凌者特質的研究，主要指的是一個人在許多因素下的綜合產物：

▼過去很可能是受凌者，在生理及心理上受到他人的傷害。
▼常常心懷憤怒和報復的想法。
▼將傷害他人視為維護自我形象、保有自尊的方法。
▼容易將別人的行為解釋為敵意，故亦有不當的回應。
▼藉由霸凌行為獲得權力和控制感。

這不一定和性格畫上等號，一個溫和友善的孩子不需要有「反社會特質」或「品性疾患」（可參照下一篇），只要他長期浸淫在上述不良的外在環境，如衝突的家庭關係中，從小看著父母打打鬧鬧，對他的管教不是放任不理就是過度嚴厲，心情不好就罵小孩，這樣的家庭品質下（父母霸凌他，手足也可能霸凌他）出現一個霸凌者也不令人意外。或者是來自學校課業或環境的挫折感，讓他將挫折感轉化為攻擊行為。

至於怎樣特質的人易導致這樣的結果，我會在後面的章節對個人部分做更詳細的解釋。

此外值得注意的是，霸凌者通常被認為是來自於社經地位不高或不健全的家庭，但根據北市教師協會副理事長楊益風的看法，有一成左右的校園霸凌者屬於「流星花園型霸凌」，這是新興的霸凌模式——權貴子弟霸凌。《流星花園》這齣偶像劇描寫被稱為F4的四位權貴子弟就讀於貴族學校，只要他們看不順眼的人就會被貼上紅紙條，沒人敢跟貼紅紙條的人做朋友，只有一名出身貧困叫杉菜的女生，不畏強權向F4宣戰。

這些霸凌者的家庭社經地位高，社會關係網路多，學生遇到糾紛時家長除了向校方施壓，還會找各種管道介入，如讓民代、律師來「關心情況」，讓有心處理的老師不得不讓步，這難道不是大人的集體霸凌行為嗎？上梁不正下梁歪，這些大人又如何有資格談導正霸凌行為呢。

對於權貴子弟家庭的霸凌情況，人本教育基金會建議，校方可以聯合家長會的力量達到仲裁的效果，權貴畢竟是少數，當多數家長願意挺身而出參與問題時，就能順利解決。

霸凌的集體性

光是單一霸凌者並不會引起社會這麼大的興趣，而是霸凌的暴力本質，以及群體效應，就像上述的集體霸凌，雖然你沒有真的做了什麼，但如果你「不做什麼」而助長了暴力產生，也算是幫兇之一。

霸凌之所以存在以及難以消弭的理由，在於它是發生於群體的校園行為，只要霸凌者「挑對」對象，看起來不討喜的人，就有幸災樂禍的人、旁觀而自覺事不關己的人、仿效其行為的人統統會出現。那麼「正義之師」在哪裡？可想而知正義之師的聲音一般都很微弱，敢怒不敢言，所以霸凌才會一而再、再而三的挑釁校園。二〇一〇年台南A國中有一起校園霸凌事件為一個八年級男生挑釁班上某微胖、遲鈍的男生，把他壓在地上用拳頭打他的臉，教室十多名學生不但沒人上前制止，還有人煽動：「打下去啦，插乎伊死！」更有人把美工刀丟給霸凌者，直到這段畫面以手機拍下放上網路，事情才曝光。

桃園的B國中也在同年發生了三十一件校園霸凌事件，大部分皆來自於與幫派有往來，自以為打著幫派旗號，出了事有幫派的人可以「靠」的一般學生。

社會心理學針對集體環境下的社會影響有許多概念可以說明，個體在某些情境下的確會做出平常不會做的事，雖說團結力量大，但團體之中也會產生一些破壞性，唯有了解團體以及團體中關於人的本質，才能理解暴力的產生。

研究團體心理之所以重要，先以幾個例子來看：

▼身處在一群人當中時，喊「加油！」是不是比一個人更大聲？

▼和幾個人一起聚餐，會吃進比平常多的食物。

▼一群人輪流上有點髒的廁所，結果會愈來愈髒，因為大家會覺得不必再讓它更乾淨。

▼「快閃族」的興起是有趣的群體效應，透過網路集結一群互不認識的人做些瘋狂而無害的舉動。二〇一一新年紐約地鐵的快閃族則是創造了「內褲日」，集結了幾百人只著內褲搭地鐵。

這就是團體影響，暴力也一樣，有時暴力也有傳染性，會讓人情不自禁或心甘情願的做，以下從幾個社會心理學的概念來看暴力的產生。

去個人化（匿名效應）

個人在團體中喪失個人感，會降低偏差行為的約束，例如搶劫者戴頭套以避免被認出身分。

集體抗議很快變成暴動事件，或者災害會促成人性之惡，為了生存放棄道德感反而理直氣壯，這就是個人混雜在群體裡有了匿名效果，群體是自己的保護色：「反正又不差我一個」「大家都這麼做」。

當道德感失去作用，去個人化很快就變成個人的洩憤工具，最經典的例子莫過於最易引起男人腎上腺分泌的世界盃足球賽。英格蘭球迷雖然有「足球流氓」的稱號，但其實早在一九六九年薩爾瓦多與宏都拉斯球迷就為了一九七〇年的世界盃參賽資格，將衝突提升為兩國戰爭，並斷絕外交關係，雙方衝突造成超過三千人喪生。

所以可想而知，校園中若有機會可以「去個人化」，平日的小玩笑會提升到惡作劇，對某人的微詞會擴大為大大的不滿，因為許多人都這麼做，沒有人會注意我。

責任分散

一加一小於二，總體的生產量並不等於個體的總和，因為混水好摸魚。

在團體中會使個人覺察力降低，個人容易忽略行為舉止的內在標準，而跟著眼前的情境做反應，因為團體帶來某些程度的安全感有時會讓個人誤判，並為自己的行為合理化。

例如霸凌者周遭學生的反應：「不是我先打他，是別人先打的，所以不是我的錯」「人又不是我打的，不關我的事」，或者「我以為××會報告老師，××是班上幹部耶，那個○○也是」，大家有責任，就是大家沒責任，一推三不知。

團體迷思（group thinking）

有時團體的決策並非理性、明智的，反而會導向更極端的觀點，這樣激烈或冒險的觀點有時造成比個人決定更愚蠢的後果。

例如地方民代因應某個需求就做達成需求的決定，缺乏通盤考量：缺女廁就蓋女廁，結果沒有人力負責打掃，更造成治安的死角；缺停車場就蓋停車場，沒考慮當地民眾多騎機車；缺文化中心就蓋文化中心，結果統統變成蚊子館。

回顧空軍士兵江國慶冤案等歷史事件發現，連政府菁英團體如空軍作戰司令部都會出現團體迷思的誤判現象，更別說人格仍在發展中的青少年同儕，當一群朋友要你不要理會某人時，你很少不照做，因為你不太懷疑朋友的看法，誰叫他要得罪你朋友！青少年時期非常重視同儕的決定，即使隱隱覺得不妥，也很少有人敢冒大不韙反抗眾人的決定，因為太在意朋友了，怕失去朋友，沒有朋友就沒有存在感。

有關如何對應霸凌的集體性，我會在第二篇詳加說明。

誰是受凌者？

什麼人都有可能受凌！

根據雪黎・克萊爾（Sherryll Kraizer）在《霸凌不要來》（*10 Days to Bully-proof*

Child，中譯本兒童福利聯盟基金會出版）一書中整理的研究，受霸凌者在受霸凌一段時間，會具有下列一項以上的特質，這些特質和上面「受凌的各種創傷」一節所述，受凌所產生的創傷、適應障礙等分類做對照，可以發現許多的類似與關連性：

- 性格內向、謹慎、焦慮、敏感，缺乏確定感。
- 很少朋友或幾乎沒有朋友。
- 身型較為瘦弱、體型較小或外觀與人不同。
- 不成熟的社交互動。
- 面對霸凌時容易退縮或哭泣。
- 對發生的霸凌很少談論或抱怨。
- 自我概念低落，感覺自己不夠聰明、不夠成功及吸引人。

當產生精神疾病相關症狀時，通常已受凌了一段時間。那為什麼這些孩子不趕緊說出真相，或者直到大人發現才要說？有些孩子甚至直到長大之後也沒有提過，原因可能包括：

- 「不想當抓耙子」，這只會讓自己更遭受同儕排斥。
- 我自己的事我自己可以處理，不能被當軟腳蝦。
- 如果我不去管它，它就會停止了吧。
- 發生了這些事情我也有錯。

這些內在的傷痛會持續侵蝕孩子的心理健康，只要身邊的大人有足夠的敏感度，就會發現「小孩和以前不一樣了」，有些人會將孩子的沉默、拒絕回應視為叛逆，其實我們更應該擔心他在學校怎麼了，這些改變是有原因的。

比同齡者瘦小，個性怯懦退縮，或者有學習或智能上的障礙，都是明顯容易被欺負的對象。有的則是患有某些少見的臨床疾病，卻因普遍對此疾病的無知而遭到歧視。例如精神醫學中有一種稱為「抽動性疾患」（Tic disorder），常見於妥瑞氏症（Tourette syndrome）患者身上，臨床徵兆是會出現突發的、重複、不可控制的運動性動作或發聲，例如打嗝、說穢語，如果人在校園，很少不引起注意與排擠。

高中時期我曾在補習班遇過一位常常打嗝的男同學，那時並不知道這也是一種病，只知道他會在任何可能的時間，包括睡午覺、老師正在教一題重要的算式時突然來「ㄛ～ㄛ～咯～！」這麼一聲巨響，聽起來就像故意的，很是惹人厭。雖然那時大家已經不是小孩子不太會明著欺負他，不過私下紛紛抱怨，而且看他的眼神都不太友善、甚至嫌惡，當然也沒有人會找他吃飯。他還撐不到總複習班的時候就自動消失，想必是受不了大家很殺的眼神。

即使青少年很想與眾不同，但更多人只想跟朋友一樣，做一樣的事，聊一樣的話題，所以不想比別人高（或矮）太多，不想太醜胸部太大，無奈有些疾病讓某些孩子看起來就是與人不同。

有些兒童雖然健壯高大，卻因為性格或能力因素看起來就像個傻大個，如果這一型的人受凌，還有另一更糟糕的情況，就是被唆使做偷竊等不法的事、被迫當打手或保鏢，就意願上而言他們不見得是違背意願（也因為沒有足夠的判斷能力），有時是為了能被同儕接納，單純地「只想交到朋友」而甘心受利用，以為這樣可以成為他們的同夥。

這些情況並非不能解決，而是需要更有智慧、更有專業能力的師長協助處理。兒福聯盟曾舉出一個例子：有位老師班上有個學習障礙的孩子，上課經常以頭敲桌子，發出嘈雜聲音引發同學不滿，這位老師便請班上同學針對這位學生拍攝紀錄片，讓學生從觀察中發現這名學障生的特點，也意外發掘這位學生的繪畫天份。只要發揮一點同理與互助，班上同學就有機會學得更多書本以外的寶貴經驗，當然這得由大人開始用更開闊、包容的心來帶領。

隱性霸凌：女生霸凌的特色

許多研究都將焦點放在男孩身上，男孩霸凌較顯而易見，較常以肢體暴力或欺凌的方式，也是我們較常在媒體見到的模式。女孩霸凌則較常使用間接的霸凌行為，如辱罵、造謠，甚至更隱微的暴力形式，所以有必要將兩性霸凌的不同分開討論。就霸凌的動機來看，男性用霸凌行為做為展現權力、階級的表徵，女性則用霸凌行為宣告歸屬感或代表自己的結盟勢力（參見《兒童及少年福利期刊》，二〇〇九年第十五期，內政部兒童局出版）。

女生之間的霸凌（或女霸凌）才剛剛開始受到重視，相關的研究資料少之又少，但我認為對霸凌議題未來幾年的關注方向應該放在這裡，因為我對女性暴力之於家庭暴力之間的可能相關非常感興趣：為何家暴的受害者大多是女性，這和她們青少女時期所學到的主流女性價值——要溫和、不要將衝突檯面化——是不是有關係？如果我們在年輕時學不會直接面對衝突並解決，而是學到了中傷、排擠、造謠和嘲笑，那麼不僅沒有從女生之間的霸凌走出來，還讓自己走入家庭的霸凌危機中。

隱藏在女生之間的侵略文化中，女生要面對的不是拳頭和刀子，而是身體語言和友誼。在女生的世界裡，友誼是一種武器，被孤立就像是被刺刀刺傷，沒什麼比背叛更令人難以忍受。（《為什麼她們都不跟我玩》〔*Odd Girl Out*〕，中譯本旺旺出版）

當我對女生霸凌了解得愈來愈多，開始恍然大悟：為什麼門診的國、高中少女會因為和同學處不好而心情不好，不想上課，成績一落千丈，嚴重者甚至鬧到要休學。事情剛發生可能只是個小誤會，或者得罪某個同學後對方不理會自己，到頭來變成幾乎全班都不跟自己說話，要分組時只能揀別人挑剩的，也開始了解為何這些女孩不認為自己是「受凌」，只是「被排擠」，因為加害者就是受害者的好朋友，你還能說什麼，只能認了！

瑞秋・西蒙（Rachel Simmons）在她的《為什麼她們都不跟我玩》一書中整理出幾個為什麼社會上對女生的隱性霸凌比較缺乏討論與處理的理由：第一，大家會說這是成長的一部分，我們「本來」就要學會處理人際關係。第二，如果人際關係不佳會被認為是不成熟的人，因為缺乏人際社交技巧而導致沒有朋友是受害者的責任。第三，只要不是訴諸晚間新聞的暴力行為，本來就不容易受重視，發生在女生之間的那些眉來眼去悄悄話行為相形之下因此變得微不足道。

當心理學以男性暴力為定義做研究，找到的研究對象當然是男性居多、女性僅為點綴也就不足為奇了。女生有屬於女生的侵略方式，只是一直不是研究的主流。明尼蘇達大學的心理學家在一九九二年對攻擊行為所做的研究，發現了三種間接的攻擊行為。

▼**人際關係侵略**：指的是傷害或威脅對方的人際關係，包括用方法奪取、贏得他的人際關係，並用設計、中傷等方法，讓他被排除在團體或友誼之外。

▼**間接侵略**：指霸凌者刻意與受凌者正面互動，表面上也避免衝突，卻藉由其他隱晦的方式表現，最常見的就是散佈謠言，讓對方感到痛苦。

▼**社交侵略**：是指傷害對方的自尊或是在團體中的地位，常見的方式除了上述的散佈謠言還有排擠，想辦法阻絕其社交活動。

西蒙把上述三種行為統稱為「隱性霸凌」，隱性方式的特色就是不容易察覺，問題是出在大人的不相信以及缺乏警覺，尤其帶頭排擠某個女生的如果是班上比較出色、功課比較好、甚至在老師面前形象好的女生，老師往往會說：「她不會做這樣的事。」

老師的不處理當然有其理由，與男生霸凌的那些麻煩事相比，精疲力盡的老師不一定想處理這種複雜的人際問題，在這之前他們得先完成學校的評鑑，注意授課進度，以及更多的行政工作。

門診有個國三女生自陳早在小四、小五時就開始遭到男生捉弄，她的外表不討喜，看起來拙拙的，取笑她醜笨就不在話下了。當她成績進步較明顯時，同學會誇張的說：「這怎麼可能?!」

到了要升國中以為自己可以解脫時，好死不死又和國小那個最針對自己的同學同班，她還沒進到新班級，就已經有許多關於她的傳聞了。有時我懷疑是不是她想太多，但她告訴我：「因為我都聽得到啊。」連謾罵批評都不想刻意掩飾，更不要說隱形的眼色、翻白眼、瞪、不屑的表情等更多、更傷人的身體語言了。

還好她對所遭遇的一切並非認為「全都是自己的錯」，對自己的能力也有信心。她告訴我「不想唸書不代表不會唸書」，自己被罵髒話所以不想隨便罵人髒話，因為她了解被罵的感覺，並從這樣的經驗中分辨哪些人是友善的，所以我們的治療仍朝向樂觀的方向。

說不定用「霸凌」這個字眼來述說女生之間的衝突並不恰當，因為霸凌這兩個字不足以解釋女性間的敏感默契：不必謾罵威脅（這是男生的方式），甚至不必說出口就可以讓對方受傷，只要不把她放在眼裡，把她排除在圈圈之外就成了。

這種情感性的侵略、暴力行為由於目前仍找不到適合的字眼，只好暫且仍以「女生霸凌」稱之，即使女生根本不用靠真的霸凌就能達到目的。

女生霸凌稱不上是社會問題，所以政策上也缺乏應對之道，當事人只能自己找方式療傷、復原，那麼其長遠影響是什麼？我剛剛提出了對這個議題的好奇：女生霸凌的長遠影響是否與女性的家暴有關？我想其中的關聯是，如果我們因為學生時代被自己的同學、朋友霸凌了，而沒學到適時離開與反擊，長大之後仍舊認為是自己的問題多一些，結果會讓我們留在一份爛關係中不敢離開，而且不管怎麼做對方都不會滿意；女生的關係霸凌讓我們成為柔順、無法說不的人，當然也就學不會辨認未來伴侶的關係霸凌。

早些了解並具備辨認的能力是很重要的，大人對女孩的心事能更有警覺，而不是敷衍的說「都是你想太多」，未來我們就可以擁有更多健康的伴侶，健康的母親。

檢核表 CHECKPOINT

霸凌的危險因素

(1) 哪些特質容易讓孩子成為箭靶？

□性格內向、焦慮、謹慎、敏感。

□很少或幾乎沒有朋友。

□身形較瘦弱、體型較小或外觀明顯與同儕不同。

□遇到挫折易退縮哭泣。

□自我肯定度低落，感覺自己不夠聰明不夠好。

(2) 哪些家庭的危險因素容易讓霸凌形成氣候？

□父母的高權威、高批評式的教養態度最易讓孩子容易被同儕霸凌，研究發現體罰行為與強制手段與霸凌有高度相關。

□父母關係不和諧。

□手足之間有霸凌現象。

(3) 哪些學校環境的危險因素容易讓霸凌形成氣候？

□老師的言語暴力與變相體罰。

□重視課業競爭而不重視同儕互動品質的校風。

□不利於學生活動的空間品質。

(4) 哪些個人的危險因素容易讓霸凌形成氣候？

□過去曾是被霸凌者。

□對他人易懷有敵意、憤怒、報復等負面想法。

□藉由霸凌行為得到權力和控制感。

□藉由霸凌行為來維護自尊及自我形象。

對付霸凌：拿出「態度」

第4章 不只針對霸凌者

「態度」，是名詞也是動詞，年輕文化賦予的新意，它代表個人的準備與行動，拿出應有的guts（膽識）去執行。對付霸凌除了知識上的理解，當然拿出「態度」更重要。

董氏基金會曾提出一句口號：「無菸場所，最有態度！」如果我們能無懼於引誘或威脅，堅持做認為對的事情，當然是一種很有個性、很有力量的表現。面對霸凌問題比拒菸難度不知高了多少，因為它反映的不只是校園問題，也代表大人該負的責任。

霸凌問題≠霸凌者問題

霸凌問題絕不只是某些霸凌者的問題，它代表的是學校制度、師生關係、同儕關係、校園文化其中部分出了問題，甚至早在這些問題之前，社會影響，家庭互動早就出了問題。

所以光拿霸凌者開刀，處罰或隔絕這些人，實在是最差勁的做法，因為這不僅沒有解決原來的問題，反倒把霸凌者貼上標籤，使其產生挫折與無助感，最終製造更多的社會問題。

個案：從受凌到霸凌

我處理過一個受凌者同時也霸凌他人的國一男生。他被父母帶來門診時是個充滿「犯行」的小孩：頂撞老師，偷東西，上課不專心聽講，成績差，和同學打架……就診的主要目的是要確定是否有明顯注意力缺失的問題。按照標準程序，我應該先做一套完整的智能評估，但施測前的暖身傾聽愈聽愈不對勁，讓我不得不放下測驗工具改成情緒評估。

一開始我從生活經驗、學校生活等方面蒐集生活背景資料時，他的態度有點害羞但很友善，不像是充滿犯行的孩子。他說他國中的人緣不好，國小比較好。我就問，為什麼國中變得不好呢？於是他說起入學後開始被捉弄的事，所以變得不好。我打破砂鍋問到底，了解所謂「被捉弄」指的是怎麼回事？情況嚴不嚴重？結果一問下去，怪怪不得了，洋洋灑灑一堆受凌的經驗，光傾聽這些經驗就花了近一小時，包括剛入學就經常被某幾位同學藏課本至少二、三十次，被脫褲子至少三次，惡意的拿走零用錢十次以上，算起來至少每週受凌兩次。

他認為跟父母說沒用，父母會說男孩子要自己學會保護自己；跟老師說老師只是口頭教訓，就算記過那些人也沒在怕的，他們那些人本來就有一堆申誡、警告，不在乎再多一條；也不想因此轉學，因為這樣很沒種。

而他因此產生的行為問題，便是學習到的以暴制暴，憤怒的情緒沒有出口，於是開始欺負比他弱小、看起來白目的同學，撂狠話，裝老大。後來當他找不到課本或零用錢時，他會直接找那些人幹架一場，反正情況也不能再更壞。

「偷東西」指的是因為沒有錢而去偷父母的錢，也常常被責罵放學不知又偷溜去哪玩，剛加值五百塊的悠遊卡怎麼一下子就餘額不足，殊不知他是拿去超商買中餐晚餐。

當我想徵求他的同意，將這些遭遇告訴陪他來的爸爸時，剛剛才坦露心事的他突然猛力搖頭拒絕：「不要，不行，不可以！」他認為爸爸不會相信他，也還沒有心理準備要講這些事，我好說歹說：「你現在才國一耶，難道你想自己忍到國三？」「受凌不是你的錯，一定要大人來幫你的忙。」最後跟他討價還價：「不然我講一點點就好，剩下的下次我們再一起跟爸爸媽媽說。」

這下子他終於願意讓我向他父親解釋「目前孩子的問題是霸凌成分比較大」，並提出下次和全家人一起談的邀請，他的父親看起來有點錯愕，不過仍同意另約詳談。和他的父母深入交談溝通時，父母顯然比他以為的更在乎此事：父親在我整個陳述過程中不僅努力記筆記，了解細節，還心疼的摸摸他的頭；母親則難過的說：「難怪我晚上回家都看到他在吃水煮蛋，我還以為是他喜歡吃水煮蛋，沒想到他是沒有錢……」

在旁邊的他則靜靜的看待這一切，我與他的父母認真討論如何和校方反應時，看到他露出一絲絲欣慰的笑容。

後來父母拜訪學校反映了兒子的事，學校也審慎的召開會議處理，因為隔沒兩週我就接到輔導室組長的電話，大致告訴我學校對此問題很重視，有在處理等等，不過，（我想那個「不過」是他想說的重點）這個學生本來就有一些偏差行為，破壞與違規行為，暗示可能有些問題被他誇大了，或者是他的人際互動關係與技巧不佳，與那些同學本來就有恩怨等等。

我有些無奈，霸凌問題的複雜度正是需要全民共同學習的原因。今天的霸凌處理並非要去找霸凌學生算帳，而是希望就事論事，促使校方拿出處理原則以給父母交代，畢竟保護學生是大人的責任，就算學生有行為問題應去了解背後形成的原因，大人不應找藉口推諉。

但這些話我不想說出口。我告訴老師，我只是就醫療上個案的情緒症狀背後做一些原因的了解，希望給老師有用的參考資訊，很感謝他為學生所做的一切，因為老師是直接照顧學生的人，老師也很辛苦。

整件事的後續我有樂觀的預估，對當事人來說，感受到家人的支持與關心是最重要的部分，而且此時有家人與他站在同一陣線上，問題立刻就減輕了一半，如果再加上學校有魄力的處理，明訂處理暴力原則，讓他知道欺負自己的人學校會有處置，自己也不能欺凌別人，我想關於他功課退步、注意力不集中等等問題就會迎刃而解。

一個教育棄兒的重生

在報上為文〈一個教育棄兒的重生〉的蔡東邦先生，是另一個外在因素下產生的霸凌者，當他獲得另外一股正向力量時，激起的正向改變讓他擺脫霸凌者角色，我在徵求他的同意之後轉述部分文章內容：

九〇年代日本經濟泡沫化，父親在日本的廚師工作被解聘，全家搬回高雄，在五甲夜市賣牛肉麵為生，我進入瑞祥國小就讀。當年還無完善的特教系統，班上有智能遲緩的學生，因剛從日本回台，中文不甚流利、上課反應不良，老師覺得我程度和他相當，把我座位編在他旁邊。因學習成效低落，家裡又不是所謂的社會精英份子，老師完全放棄我的課業，一開始還想問老師問題，但老師回說：「這個問題笨蛋都會。」然後班上開始一片笑哄哄的。

有次母親來學校參加班級家長會，老師當著大家的面說：「你的囝仔注定一世人要撿角了。」當時母親的眼角微濕，但賣牛肉麵的媽媽怎麼敢反駁呢？只能連忙彎腰和老師道歉，直說：「您辛苦了，請多對我小孩好好教導。」看在眼裡，我心也糾了起來，但卻用不在意來偽裝自己的懦弱。為了認同，我開始和班上調皮搗蛋的同學一起欺負更弱小的同學，開始向別人強索保護費。

國小五年級，重新編班後，班上電腦老師是陳萬福老師，基於對電腦的好奇，我下課後問了他幾個問題，原預期他會像別的老師敷衍我這種不是績優的小孩，但他很仔細的回答我，並仁慈的說以後有問題歡迎跟他討論。之後一年多，我幾乎每天放學都會去找他，從軌道車馬達到動植物成長，讓我漸漸發現自己在科學的天份。

遇到好老師給予的鼓勵與自信，讓他在數學及自然科成績愈來愈好，他的父親原本不相信他變好的成績，還說：「雖然家裡窮但也不能作弊。」直到出現愈來愈多的好成績，家人才漸漸相信這是他的努力，每回到店裡要幫忙，家人總是叫他回去唸書。家裡沒有多餘的錢補習，他也就從來沒補過習，自己找資料或向有補習的同學借講義抄重點，靠著自己的力量目前已在美國史丹福大學博士班就讀。

以上這兩個例子都說明了霸凌者的問題不能歸咎於個人的問題，他們都有成為霸凌的外在危機因素，如原來是受凌者，經濟、社會地位弱勢，但他們同樣也擁有好的復原因素，例如家庭的支持，不管外在有利或不利的因素是什麼，也必須有願意改變、克服困難的人格特質，才有辦法擺脫霸凌命運。

追根：由人格特質著手

霸凌之於人類本質，與邪惡有關。邪惡是人性之一，須長期抗戰。佛洛伊德既有原我之毀滅想法，中國哲學自然也談人性本惡。

諾貝爾獎得主威廉・高汀（William Golding）的名著《蒼蠅王》描寫的就是諷刺這種邪惡本質，一群家世背景俱佳的五～十二歲中產階級學生搭機，因天候被迫降荒島，最初想用民主方式來生活、管理眾人，到後來關於人性之惡的鬥爭、專制、殘忍、殺戮一一現形，這些小孩分為兩派：主殺戮與主和平，人性自主受到挑戰，心靈黑暗面逐漸浮現，有人甚至被殺死，讓文明禮教漸漸被野蠻吞噬。

最後當主殺戮一派的小孩想把另一派趕盡殺絕、正在海灘上追逐時，救難人員突然奇蹟似的出現在眼前，兩派小孩看到大人似乎想起了什麼，都不可遏抑的、委屈的啜泣起來，全劇結束。電影導演把畫面停在這一格，益顯震撼，軍警人員的出現，似乎又喚起小孩血液中文明的部分。

早在一九六〇年代，心理學家史坦利・米爾格蘭（Stanley Milgram）就做了舉世聞名的邪惡人性研究，專注於人類從眾、服從的行為。他擬了一個假電擊實驗，徵求百位自願者，並安排一個演員當被電擊者。米爾格蘭一再命令受試者執行電擊，電流強到足以致命，這個演員假裝痛苦呻吟，身為自願者會繼續按下加強電流的開關嗎?有多少自願者會反抗?研究結果發現有六二~六五%的人會遵從權威下達的指令,即使這些指令會危及他人生命,這印證了他的假設:

再怎麼理智的人,置身於具有暗示意味的情境,都可能不顧道德信念,接受特定指令,犯下殘酷暴行。(《打開史金納的箱子》〔*Opening Skinner's Box*〕,中譯本張老師出版)

直到現在,這個實驗還是心理學的經典實驗,米爾格蘭的實驗之所以震撼人心,我想理由在於人們對自己的道德感一向太有把握,這個結果太出乎意料,故開始反省自己對權威的束縛與自我負責的態度。但如果我們年紀不夠成熟,就會上演小學版、國中版的「蒼蠅王」。

另外一項心理學實驗,則是由史丹福大學模擬監獄實驗,有的學生扮演獄卒,有的學生扮演囚犯,但只實驗了一星期即喊卡,因為扮演獄卒的人愈來愈凶性大發,而扮演罪犯的則身心俱創。

文化評論家南方朔認為，邪惡與好人壞人無關，而是與體制、情境有關：

以前出現邪惡的壞事，人們總認為是由少數「爛蘋果」所致，而今發現在某些時候，它與「爛蘋果」無關，而是和整個「爛籃子」有關……台灣的國中會天堂變地獄，這絕非少數「爛蘋果」出了問題，而是「爛籃子」的事。（《中國時報》二〇一〇年十二月二十八日）

我認為暴力的最終產生，除了有引發暴力的元素，環境的促成、人格的某些成分特質也很重要。雖然環境惡劣、體制不良容易促成暴力，但也有人選擇面對艱困的環境，堅持不使用暴力，如《蒼蠅王》中的和平派，米爾格蘭實驗中拒絕按下強大電流按鈕的三成五實驗者；相對的，在一所管理良好、校風嚴謹的學校中，亦會有令人頭痛的問題份子。除了環境因素，我們還需要了解人格特質的成分，才有辦法因材施教，避免問題行為的產生。

第5章 人格特質的因應之道

霸凌者的特質與因應

根據兒福聯盟引述《霸凌不要來》的作者雪黎・克萊爾對霸凌的研究，小學六年級為霸凌者的人，有六〇%在二十四歲時至少有過一次以上的犯罪紀錄。

研究指出小時候有霸凌他人經驗的人，和長大成年後有觸法和犯罪問題，兩者有顯著的相關。也就是說，追溯極年輕就犯罪的人之求學史，會發現他與霸凌事件是無法分開的，不是受凌就是霸凌別人，或者兩者都是。

另外根據台灣校園所做的研究亦發現，在霸凌的三大危機因素（家庭危機因素、學校環境危機因素、個人危機因素）中以「個人危機因素」這一項最有預測力，包括年紀、性別、有無物質成癮、對暴力的態度等，個人特質可以主導霸凌的部分還是相當具有影響力的，有時甚至超越家庭和學校的力量，性格與環境拉扯的結果仍略勝一籌。

一則十七歲少年性侵國中女生後將之殺害的新聞，記者訪問到少年犯的國中老師時，老師傷心的表示，就因為知道他家庭環境不好，所以給他格外關注，犯了錯也不斷給他機會，也是定期輔導的對象，還讓他延畢一年，就是擔心他會惹事。該學生畢業後唸了高中，還向原來的輔導老師求助，老師不僅安排他打零工，還代為籌措學費。事發之後老師很自責，並以「心碎」來形容自己的心情。

為何有些人天生攻擊傾向較強？

如果老師已經盡力了，社會也不欠他什麼，為何有些人天生似乎就有較強的攻擊傾向？在精神醫學上會考量整體發展上生理因素，包括染色體異常、先天性感染、中樞神經系統結構性異常，有幾種診斷會與暴力的相關較高。

第一種為「品行疾患」（Conduct Disorder），在過去一年內有以下準則中的三項行為，且至少有一項發生在半年內：

- ▼**攻擊他人及動物**：常常攻擊、威脅、恐嚇他人，或引發打架，曾對人或動物的身體殘忍，曾使用造成他人身體傷害的武器，曾直接面對受害者偷竊或強迫發生性關係。
- ▼**破壞財產**：曾故意縱火意圖造成嚴重損害，或毀損他人財產。
- ▼**詐欺或偷竊**：曾侵入他人住宅、建物、汽車，經常說謊以獲取利益或逃避義務。曾在未面對受害者的情況下竊取價值不菲的物件，偽造。
- ▼**嚴重違反規範**：十三歲以前經常不顧父母禁止夜間在外遊蕩，住在父母或監護人家裡至少有兩次逃家或在外過夜（或有一次經驗但長時期未返家），十三歲以前即常逃學。

第二種為「對立性反抗疾患」（Oppositional Defiant Disorder），指的是至少半年內出現以下行為的四種以上：常發脾氣、常與成年人爭執、主動反抗或拒絕聽從成年人的要求或規範、常故意激怒他人、常因自己過失或不當而責怪他人、常暴躁易怒或易受激怒、懷恨或記仇。

這些診斷是針對十八歲以下的兒童或青少年，但其實很可能孩子在還小的時候即顯現某些特徵，只是這些孩子會隱瞞許多行為，而照顧者缺乏警覺，以為只是無傷大雅的小破壞。

例如我曾對一個九歲小孩施測智力測驗，裡頭有一項叫做「理解測驗」，主要針對各種情境測試孩子適當的社會反應，有一題是「如果濃煙從鄰居的窗戶冒出來你該怎麼辦？」他冷冷的告訴我：「就走開，不理他啊，不要燒到我家就好了。」（標準答案是求助，打一一九或告知大人）這樣的答案讓我發毛：從小就顯現部分的殘忍特質。

與不佳的環境如家庭氣氛衝突、幫派份子群聚、新環境的適應挫折等結合後，便會強化這些特質的反應。到了成年以後，這些特質便有可能符合人格疾病其中的一項診斷：「反社會人格疾患」（Antisocial Personality Disorder）。反社會人格不僅僅是「缺乏良心」那樣簡單，在《精神疾病診斷準則手冊》中定義的基本特質為「欺詐與操縱他人」……過度服膺自己本能需求，容易成為「未達目的，不擇手段」的反社會人格問題。

但是這並不表示有品行或對立反抗問題的小孩，長大必成為反社會人格，有反社會特質的人也未必會做出犯法的事。許多小時候有這些問題的孩子，長大後症狀會得到緩解，小時的行為問題未必延伸到成人，當然我們也能做些什麼來避免。

管教、輔導、矯正

首先是，更有效的行為約束。主要分成兩個方向，第一為針對兒童的行為管理，提供清晰的外在架構，以彌補兒童對內在道德約束的不足。當出現不當行為時該如何管教，如何處理兒童的情緒困擾，並注意防止問題對其他家人的傷害。

管教行為不等於體罰，心理學有許多比體罰還好用的技巧，行為訓練技巧中有一種稱為「暫停」（time-out）技巧，即不當行為出現時就以隔離、不予理會做為懲罰，面壁思過或罰站。軍中或獄中的「關禁閉」為何有效，正是因為剝奪人類最需要的人際互動機會，當他缺乏周遭朋友的鼓譟、支持，自然會降低不良行為的機率。取消特權也是有效處罰的一種，此類孩子較在意的是奪走他原來的外在酬賞，並擔心實際的處罰行為，害怕痛苦。

再來為針對兒童的家長及老師施以「管教訓練」，加強父母的力量。品行問題與反社會特質需要更堅定的教養態度，過於民主或開放的管教並不適合，這只會讓孩子挑戰你的權威，試探你的底限，然後被孩子操控。管教訓練的原則是：

▼充分了解性格特質可能帶來的傷害。今日若不悉心教養，調整性格弱勢並發揮性格特色，他日可能會成為霸凌事件的主角。

▼取得一致的態度與共識。不一致的管教（如父親想責罰，但母親心疼出面阻止）只會帶來反向效果，減損父母的角色與尊嚴。

▼持續的投入堅持。任何有成效的改變都需要成為一種習慣，毫不鬆懈的監督，也包括對手足的教導，全面改造家庭生態，才能類化到學校、社會情境。

其次是，及早介入教育輔導或矯正體系。如果從教育著手，首先要先釐清孩子本身有沒有受凌的經驗？孩子的行為是不是霸凌？確定曾受凌的話則要同時處理負向情緒如生氣、挫折、無助感沮喪等問題，因為會從受凌變成霸凌他人表示情緒生病了，需要用健康的方式調節，所以要和他討論如何適當的發洩。

如果確定孩子的行為真的是霸凌，需要再確認其動機。部分孩子的霸凌並不是為了傷害或攻擊對方，只是想得到某些東西卻缺乏取得的技巧，例如想加入某個小團體而藉由開玩笑、捉弄的方式得到注意，或者誤以為某個溫和的同學對自己很好，所以拿對方的東西不經過他的同意也沒關係。

了解動機很重要，這樣才可以量身訂做針對霸凌者的行為訓練，尤其針對愈小的孩子愈有效。門診中常遇到被診斷為「注意力缺失過動症」的男孩，他們本來就像一部關不掉的馬達，傷腦筋的父母除了得經常應付其上課不專心的問題，還要避免他們在學校闖禍。這種孩子往往不顧後果衝動性強，想到就去做，以致惹誰生氣都不知道，所以要教導他們「這樣的玩鬧同學不喜歡」，學習「如何做個受歡迎的孩子」。

輔導工作愈早介入愈有效，當他從霸凌行為得到某些權力後，就會增強其攻擊行為，使得原來單純的動機變得不單純，益發難以處理這樣的行為。在教育方式上有幾個原則：

- 明訂行為的規範、準則：不管發生什麼事，霸凌他人就是不對，並告知什麼是霸凌。
- 讓孩子清楚知道自己行為所造成的後果，如果持續下去會造成哪些影響。
- 針對這樣的行為定出處罰原則，相對的有合宜的行為也有獎賞原則。

較嚴重的霸凌行為則為犯罪，必須進入法律階段。根據法務部近十年來對少年及兒童犯罪概況的統計，犯罪總人數有逐年減少的情況，較有改善的部分為中輟生犯罪、兒童犯罪人數有趨緩的情況。這與政府對兒童及青少年「宜教不宜罰」的立法精神有關，加上結合社福單位的介入協助，讓可能因霸凌而吃上官司的孩子有機會再學習一次。

台灣的矯正教育很早就開始，對犯行輕微的少年犯（十二～十八歲）設有少年輔育院及少年矯正學校，當孩子或青少年因故無法完成高中學業時，在新竹設有誠正中學、高雄設有明陽中學可收容這些問題行為少年，管理上則介於寄宿學校與監所之間，比一般中學更重行為規範與規矩賞罰。

有關兒童青少年犯罪的未來發展趨勢，根據法務部最新的白皮書（民國九十八年度）指出，仍需注意的是犯罪類型趨於暴力化與多元化，毒品與妨害性自主的人數有逐年增加的情況。這表示行動式霸凌仍舊與犯罪息息相關，肢體霸凌的殺傷力不可小覷，而犯罪類型多元化也可能意味著霸凌手段愈來愈多元，影響層面愈來愈廣了。

受凌者的特質與因應

受凌者的脆弱特質與霸凌者相較之下是模糊的，殘忍與幸災樂禍大家都知道是怎麼回事，霸凌者的形象清楚，但受凌者呢？

如果根據兒福聯盟統計曾有霸凌經驗的國小學童至少有六成來看，有受凌經驗的人比比皆是，似乎各種性格的人都有受凌的可能，所以每種性格中具有怎樣的特質較易招致霸凌，這個議題變得十分重要。

在上一篇〈認識霸凌〉中曾提到從霸凌事件中歸納出「經常受凌者」的特質，例如低自信與低自尊等等，但這不一定是先天個性，而是加上家庭氣氛塑造，甚至與壓力、挫折事件累積等互動後的結果。我們在這一節則回歸到個人本質的因素，看看在社會影響之前，有什麼部分會先主導我們的行為，並容易招致霸凌的可能。

人格尚未定型的兒童也有屬於自己獨特的樣子，心理學上稱為「氣質」（temperament），這是在智力以外另一項與生俱來的個別差異。每個孩子天生就對外在刺激或內在情緒有獨特的表現方式，有些孩子是「磨娘精」，有些孩子是整天笑瞇瞇的「好笑神」，這就是氣質上的差異。隨著年紀增長，氣質會隨著外在環境而有調整，漸漸穩定成為性格，所以小時候「拗嘟嘟」的你，長大後卻變得活潑開朗也不奇怪。

根據徐澄清教授對兒童氣質的量化研究（參見《因材施教》，健康出版），氣質經由因素分析可以歸納為九大項，在臨床觀察中我發現有幾項與霸凌較有關聯。

▼**活動量**：有的小孩就像馬達一樣整天動個不停，有的小孩卻安靜斯文。有科學家發現活動量最高和最低的嬰兒之間可以相差四百多倍之多。

▼**規律性**：指的是何時睡覺、何時會醒、何時會肚子餓與會固定大便的時間。這看似純生理的不同需求其實大有學問，一個老是吃睡不定時、興之所至的孩子容易讓父母陷入焦躁，難以照顧，也容易影響對孩子的觀感甚至疼愛的程度。

▼**注意力分散度**：有的孩子易受到外界聲音、影像的刺激而中斷手邊活動，有的孩子則可能維持手邊的事不動如山。一般而言專心的孩子較有利於學習，活動量過高的孩子常常也有注意力易分散的問題。

▼**趨避性**：即首次遭遇新刺激時孩子的態度是「退縮」還是「接受」。這點與霸凌有相關性，如果一個轉學生面對新環境時無法適應，對已經形成的同儕小圈圈感到害怕退縮，沒辦法融入任何一個，我們可以預期他受凌的可能性大增。

▼**適應度**：對遭遇新刺激時孩子可以習慣、接受的程度，到底是可以因時、因地制

宜，還是過了一段時間仍難以適應。與「趨避性」的不同在於，有的孩子雖然剛開始面對新環境很害羞，但如果多給他一點時間可以適應得很好，那麼我們可以說他的適應度尚佳。這一點與上一點可以拿來綜合判斷他的人際互動品質並預測霸凌的可能。

▼**堅持度**：對孩子正在做、或想做的某件事遇到外來阻礙時，是否可以克服困難去完成。顯而易見的，堅持度高的孩子有利於學習，遇到難題不會輕易放棄，對應付像霸凌那樣的挫折也可能較易走出，跌倒了，堅持要自己爬起來。

▼**反應閾**：指的是引起我們某種反應所需要的刺激量，「閾」的意思是開關、門檻，在這裡指的是刺激量。比如有些嬰兒對尿布濕的反應很敏感，一尿下去就抓褲子、大哭表示不舒服，就表示他反應閾的「閾值」很低，一點點刺激量就有反應；相對的反應閾值高的小孩則是對此不敏感，尿布已經充滿大小便了還照玩不誤渾然不覺。人際敏感度的反應閾高低對霸凌問題有不同的反應，反應閾低的人容易察覺到人際變化、同儕態度改變，易過度在意他人感受，受他人態度的左右自己的心情；反應閾高的人則人際不敏感，別人都生氣了還沒發現，易被認為是「

白目」，所以兩種不同氣質的人遇到霸凌情況的前提是不同的。

▼**反應強度**：對內在需求表現在外看得到的反應是「激烈」還是「微弱」。反應強度激烈、對喜怒哀樂有極大反應的孩子雖然可以得到較多注意，但太激烈又容易招來反感；反應弱的孩子引不起大家的注意，因為他傳達訊息的方式太微弱了，相對的遇到霸凌時比較吃虧，因為無法明確表達自己的需求，還可能怪父母不夠關心、了解他。

▼**情緒本質**：大致分為「正向表達」與「負向表達」兩種，天生氣質屬正向表達的小孩看起來較友善、快樂，負向表達的孩子則沒那麼討喜，「拗嘟嘟」，較容易讓照顧者望之卻步。

各種氣質面向的孩子有不同的教導方式，了解孩子的氣質並因材施教，讓他可以學習到更適合自己的解決問題能力，當然也就包括如何因應暴力。

以上幾種氣質的各種組合形成孩子獨特的世界，有些看似與霸凌沒有直接關聯的氣質項目，例如活動量高低，但與其他特質結合起來就會有關聯，例如活動量大加上反應度強的孩子容易惹麻煩，不管霸凌或受凌的機會都相對增多，所以聰明的老師會指派他一些需要跑來跑去的任務，滿足他天生的好動，封個「便當長」頭銜（其實就是抬便當），順便增加他的成就感。

而趨避性為「退縮」、適應度慢的孩子可能花上整個學期適應新老師新同學，甚至是新的學習進度，等到好不容易適應時又要分班了，所以對他的教養就須保持與老師緊密聯繫，讓他多和老師同學打交道，縮短適應的時間。有的老師會針對這樣的孩子特別指導，每天放學時多花些時間陪這樣的孩子複習，他並非能力不好，只是更需要鼓勵，多給他一點時間。

不管是霸凌者或受凌者，都需要面對一些共通的議題。任何暴力事件都會造成程度不一的傷害，所以我們應該有的認知是：今天該面對的是「霸凌」這個問題所造成的傷害或後果，而不是「找出潛在的霸凌者」，然後隔離或譴責他。霸凌並非特定對象的問題，這是個複雜因素下產生的後果。

檢核表
CHECKPOINT

攻擊傾向與偏差行為

注意孩子是否天生攻擊傾向較強，可以觀察：

(1)在過去一年內出現過以下描述中的三項行為，而且至少有一項發生在半年內：（品行疾患）

□攻擊他人及動物
□破壞財產
□詐欺或偷竊
□嚴重違反規範
□逃家或逃學

(2)過去半年內出現以下行為的四種以上：（對立性反抗疾患）

□常發脾氣
□與父母爭執
□主動反抗或拒絕聽從成人的要求或規範
□常故意激怒他人
□常因自己的過失或不當而責怪他人
□常暴躁易怒或易受激怒
□懷恨或記仇

第6章 霸凌因應力

個人的正向力量

前面提到霸凌者與受凌者所可能有的先天氣質，如果把這些可能招致暴力結果的特質視為脆弱的自我特質，想當然耳就會有另一股正向的、自我復原的核心力量。

壓力管理

壓力是心理性的，除非是重大生活事件或創傷（如重傷或至親去世），但這個機率實在不比飛機失事高多少，所以不管發生什麼事都從心理層面解釋它「是不是構成壓力？」答案是Yes就會變成心理壓力，No的話就不會有壓力的問題。

面對同一件事，有人對某同學不理不睬的態度渾然不覺，有人卻會聯想這是不是針對自己。

我在高中時對人際敏感的程度有如前者，有個同學告訴我：「欸，我曾經很討厭你，你有一次說錯話，我很生氣，本來不想理你了，可是後來你好像一副什麼都沒發生的樣子一直找我聊天，我真的被你打敗了。」哈，這也是神經大條的好處，如果有人不睬我，我會直接解釋成他今天狀況不好。

如果把每次的突發狀況視為挑戰而非壓力，對我們的好處是不僅僅是「來吧，我已經準備好了」的氣魄，老實說沒人想對這樣的事情準備好，所以見招拆招，拆不成就逃，似乎也沒什麼不好。

把壓力變成可控制或可預測的也能減低壓力感。例如爬山時領隊會說：「快了快了，再過一個山頭就到了！」或者是拔牙時牙醫說：「快好了，再兩下就好！」於是你真的期待再過一下下就會解脫，感覺也沒那麼累或疼，因為對方製造了一個期待的目標感，即使半信半疑也比什麼都無法掌握來得好。

唐諾・麥克堡（Donald Meichenbaum）提出壓力免疫訓練的方法，試圖用一套原則幫助人們因應壓力：

▼**概念化階段**：找出個人過去因應壓力的正向經驗，了解自己的壓力源，如何反應壓力。

▼**技巧學習階段**：除了自己原有的策略，你可以學習各種因應技巧，不管是行為上的練習或想法上的調整。

▼**應用階段**：把學到的技巧應用於真實世界中，練習在壓力情境下的各種技巧何者更有效，需不需要再做調整。

如果實在逃避不了壓力感，那麼尋求發洩的管道也是可行的方法。心理學家傑・懷斯（Jay Weiss）做了個實驗，將兩組老鼠分別接受輕微、長期的電極，一組什麼都不能做的老鼠開始有胃潰瘍的問題（這是長期壓力的後果），而另一組可以啃咬籠子內木頭的老鼠則較沒有這個問題，如果把發洩的管道換成可以停下來吃點東西、喝水、跑轉輪之類的活動，效果也一樣好。

人類如果有發洩的管道，對壓力的調適同樣比較好。我對麥克堡的壓力免疫訓練有體認的心得。當我知道自己因罹患乳癌必須接受四次化療時，就開始努力找出自己的正向經驗、正增強（參見以下所述）是什麼，因為化療很痛苦，會噁心掉髮，看著自己漸漸變成光頭的樣子實在壓力很大，而旅行血拼對我是永遠有效的正增強，於是我開始計算這整個療程大約需要多久時間，恢復體力需要多久，然後在醫師的許可下安排最快的日本北海道之行，當我知道帝王蟹正在等著我時，最後一次化療幾乎是抱著期待、雀躍的心情，連家人都說：「你看起來會不會太開心了？」

除了孩子自己本身的努力，是不是還有些外在方式可以幫助當事人做減壓練習？例如何時該介入幫忙。有個孩子因為太過害怕同學的批評而不敢上學，他的母親就採取很直覺的關心方式，每天早上花半個小時安撫他，並陪伴他上學，經過一學期不算漫長的日子總算有起色。長大後的他告訴我，其實母親能夠做的就是陪在他身邊，對學校適應問題的幫助不大，他還是得自己面對，不過他心中踏實多了，因為不管怎樣，媽媽都會陪在自己身邊。

所以身為當事人父母對霸凌問題不要過分焦慮，你的陪伴也是另一種正增強，你會比自己所想的可以給孩子更多。

正向習慣的增加

正向習慣有別於損及個人健康的負向習慣（如自傷自殘、物質成癮），可分為兩部分：正向行為包括從事有益身心的活動或運動，正向思考則是讓自己有好想法來因應壓力問題。

行為學派有關正向習慣的解釋是「正增強」，想增強某種行為，就要給他有效的酬賞。這個道理很簡單，卻能演繹出許多變化，如果他做了一些事讓自己變得更堅強勇敢，足以應付同儕的排擠與欺壓，他就更願意做這些事。

國中生小偉是個體型壯碩的大男生，在校園是個小霸王，屢犯校規幾乎瀕臨中輟，直到校長建議他參加體育班，讓他藉由舉重訓練來抒發體力，由於本身天賦條件加上指導老師的傾囊相授，除了參加比賽開始有好成績，導師亦教導他情緒控制、人際互動與正常的作息，到了高中時他一舉拿到區中運高男組金牌，保送入大學就讀，並朝向亞青盃國手的資格邁進。（引述教育部九十六年《關懷中輟生特刊》）

舉重本身對小偉來說就是個好酬賞，一開始舉重可能只是轉移注意力的方式之一，但他透過舉重的表現讓自己受肯定，得獎，於是願意投入更多練習。除了行為，讓思考也朝向正向的、積極的解決力量，是想法上的正向習慣。當我們被同學誤解時（這常是霸凌的開始）會告訴自己「明天一定要去搞清楚是怎麼回事」的人，會比「我就知道他看我不順眼」的人更不容易有壓力。對自己受凌的解釋是「因為對方嫉妒而打壓自己，所以就是要考得比他更好氣死他」的人，會比「搞不懂他為何這樣所以沒有辦法讀書」的人來得更有免疫力。

對大人來說，覺察自己內在的情緒經驗是較好的做法，因為大人有能力感受當下的情緒，了解自己為何會有壓力，這樣的覺知就可以讓負面想法有機會跳出思考的框框；但對孩子來說，他對自己還不甚了解，更別說更深層抽象的哲學思考，所以較適合「行動模式化」的思考，也就是讓孩子練習其他想法的可能性：挑戰「如果他不理我的話」就會導致「我就完蛋了」「全世界就沒人會理我了」的結果嗎？還是也有可能「他一定也有自己的問題」或「別人就有機會認識我」「我也可以認識別人」等等其他更正向的想法？

我們不一定可以阻斷負向想法，但當正向想法愈來愈多，我們變得愈來愈有彈性時，相對的也得到自由。

由人際互動著手

這包括需具備的人際互動正確態度、晤談技巧、策略等。

兒童與青少年發展的特色在於他們的人格正在發展、形成中，所以大部分的焦點是放在自己身上，較難體會他人感受，所以有時會說錯話、表錯情而不自知，例如他們會說：「我又沒這個意思。」表示受到別人的誤解，而誤解正是衝突的來源。

學習適當的表達與溝通的重要性在於，我們可以正確的把心裡所想的傳達給對方（而不是讓對方誤以為冷漠、疏離或衝突的態度），而且是清晰的，沒有半點折扣的，才能確保我們的意思不會被錯誤解讀，也確保對方也收到我們的訊息，沒有當機。這可能會是一輩子的功課，想想我們是不是也常抱怨另一半不懂自己：「他應該知道我在想什麼（或需要什麼）。」可惜如果不做有效溝通的話，對方實在無法當你肚子裡的蛔蟲。

這包括兩部分：同理心的培養與語言溝通。同理心需要從機會教育著手，也是考驗父母的人性教育。你如何與孩子解釋外貌有明顯病態感的身心障礙人士？當孩子指著某路人說「媽，他的樣子好奇怪」時，你除了噓他不可以沒有禮貌，該如何解釋個別差異與個人價值、尊嚴等議題？

對孩子來說，簡單明瞭的同理心是能夠注意到他人的困境，可以了解他人的需求並增加他對各種人的接受度與忍受度，讓他知道社會上有許多跟自己不同的人。最容易的練習就是「設身處地練習法」：如果是你的話你會怎麼辦？例如「如果你是大胖子聽到別人在背後說你，你會怎麼辦？」這個想法上的引導可以結合接下來介紹的角色扮演練習，帶領孩子觀察自己的想法與反應，藉此讓他更能感同身受。

語言溝通要包括語言及非語言（身體語言、動作、眼神表情）的溝通，首先兩者一定要協調一致，否則就像女友問男生「你愛不愛我」時，這個男生一邊打著他的遊戲怪獸一邊說「愛啊」，實在是沒有效果。清楚的表達需要，包括用字遣詞、聲音都很重要。

我要求自己與小孩在表達需要時一定要說「請——」（即使只是要我拿一張圖畫紙），事情做完一定要說「謝謝」，有時長輩會覺得不好意思，自己的小孩幹嘛謝來謝去的？但當小孩對他們說「謝謝阿嬤幫我洗澡」時無不感到貼心。我也不讓小孩為了圖方便喊「喂」，喊喂一律裝做沒聽見。除非小孩經過大人的帶領，否則他們無法恰如其分的表達自己的需要、情緒。

《霸凌不要來》的作者克萊爾提到，大部分家長對青春期的孩子最想說的一句話就是：「別用那種口氣跟我說話！」而當爸媽這樣說時孩子往往也會很詫異的回應：「什麼口氣？」這熟悉的場景就是最明顯的溝通不一致情況，告訴孩子他想要表達什麼，你也回饋給他對這種表達的感受，因為如果你有不舒服的感受，他的朋友也可能會有。

克萊爾認為藉由行為演練與角色扮演達到有效的人際溝通，可以降低孩子成為霸凌者或霸凌受害者的可能，她歸納出的訣竅是：

▼要適齡且耐心的教導。

▼藉由角色扮演讓概念變成可操作的技巧。

▼運用生活實例練習技巧。

這些技巧跟上述所提麥克堡的壓力免疫訓練的精神不謀而合，那就是不管是學到了什麼一定要練習，知道怎麼騎車跟踩上踏板是兩回事。我們都有這樣的經驗：對同學的謾罵或衝突不知道如何反擊，當時跟個呆瓜一樣沒反應，回家後愈想愈氣，想著自己當初如果做了什麼反應就好了，心裡懊惱了好幾天，甚至更久。

為了減輕這樣的情況，我們必須讓「該有的反應」出來，並且像騎腳踏車一樣讓它自動化：

▼做最壞狀況的演練。平日就模擬各種可能受凌的狀況，挑戰孩子的反應度。

▼時常了解執行的情況。了解孩子的盲點在哪：不太敢反駁對方？或者不敢說不？這也跟孩子的個性有關，對個性溫和的孩子則要教導他如何用身體語言表達

抗拒，例如走開或不理會。

▼從不斷練習中增強信心。當他了解各種問題都有解決的方法時，就不再焦慮或害怕，相對的也有不會被欺負的自信。

《事發的19分鐘》（*Nineteen Minutes*，中譯本台灣商務出版）這本書根據校園連續槍擊事件改編，故事的主角是一個憤世嫉俗的高中生，他的成長過程就是一部霸凌史，從幼稚園坐娃娃車開始，他的午餐盒就常被其他男生扔出車外，他的母親雖然有向校方反應，但基本上還是希望他可以自己解決「男孩間的事情」，可惜他學不會如何處理類似事件，以至於霸凌愈演愈烈，直到他拿槍把欺負他的同學都斃了為止。

其實他的母親可以在行為演練上多做努力，例如當別人要搶自己午餐時該怎麼辦？大叫，找其他幫手，甚至直接搶回來不惜打一架……不管是什麼策略都勝過完全不反應、消極認命、然後累積不滿怨恨的情緒變成霸凌者。

從環境著手

接納的家庭環境

家庭的結構、父母的個性、教養態度決定了家庭的氣氛。前面提到有個女生個案的母親對外皆自稱「阿姨」，這個女生很小時父母就離異，各自嫁娶並另外有小孩，她在小三之前和爸爸住，小四以後和媽媽住，對她來說「爸爸家」跟「媽媽家」都不是真正的家，他們都有屬於自己家庭的小孩，而她活像個闖入者。她媽媽的問題是，無法真正接納這個後來跟自己住的親生孩子，要她在外人面前喚自己「阿姨」、叫繼父「姨丈」。如果不能讓她有基本的歸屬感，她當初被帶來門診的行為問題如偷錢偷東西、說謊等就不可能解決：大人自己都虛偽，如何教孩子誠實？

門診中有個成年男性個案亦有類似處境，他告訴我在國中時媽媽改嫁，但當時媽媽不敢讓保守的夫家知道自己已有兩個兒子，於是要孩子在外人面前一定要叫自己「阿姨」，他可以體諒母親的苦衷，可是長大後的他極度沒有安全感，對交往的女友緊迫盯人，若找不到對方必有「奪命連環call」，女友外派至異地，他也把工作辭掉跟著去，說好聽一點是「愛相隨」，實際上卻讓女友喘不過氣而提分手。他無法承受分手的傷痛，覺得活不下去了，於是不斷的自殘，工作也無法繼續了。

《陪孩子面對霸凌》（*The Bully, the Bullied, and the Bystander*，中譯本心靈工坊出版）一書的作者芭芭拉•柯婁羅索（Barbara Coloroso），提出了三種基本的家庭結構：磚牆家庭（父母極端的權威，要孩子服從、控制並守規矩）、水母家庭（家庭像水母一樣缺乏穩定的結構，充斥著縱容與放任的氣氛）和骨幹家庭（提供穩定與一致性的氣氛，穩定的結構），當然前兩著家庭是混亂的、不健康的家庭結構，容易產生霸凌，而骨幹家庭則可阻擋霸凌的產生。

芭芭拉認為骨幹家庭不限於社經地位或宗教、文化的不同，骨幹家庭所提供的安全感，是因為父母將以下的幾種生命訊息傳遞給孩子：

▼我對你有信心。

▼我相信你。

▼我知道你可以處理種種生命情況。

▼我是你的最佳聽眾。

▼我關心你。

▼你對我很重要。

這就是真正的接納，父母了解自己是愛孩子的（同時也有愛孩子的能力），知道自己並不完美但願意盡全力保護他們。有的父母說，我當然愛孩子啊，但父母的愛要孩子感受得到才算數。我有個朋友曾把她小時候的照片給我看以佐證她當時其實沒那麼可愛：「我小時候爸媽都一直稱讚我很漂亮，也在親友面前用力稱讚，我也一直以為自己很好看，所以很有自信。後來才知道自己『被騙了』，其實根本就是醜小鴨。」她笑著說：「不過已經來不及，我已經臭屁很多年了。」

再提一段有關「玫瑰少年」葉永鋕故事的小插曲，小時候葉永鋕的女性化傾向就十分明顯，家人曾很憂心他不是「正常的男孩子」而帶他去高雄看過精神科醫師，醫師卻對家長說：「有問題的是你們，不是孩子。」於是他們努力地改變自己，重新認識自己的孩子。

他們接納自己的男孩玩的是辦家家酒而不是機器人，喜歡煮東西而不是組裝電腦。我聽過一個同志朋友的故事，當他的母親知道他其實有個交往多年的同性對象，今天要回家一起過夜時，其反應不是哭泣或責備，而是默默地把一個枕頭放在他床頭邊。

家長的教養態度決定了對霸凌的態度，如果像上述家長一樣的寬容，霸凌問題應該解除了一大半。《為什麼她們都不跟我玩》的作者瑞秋・西蒙訪問過許多家長，公認最有效的方法就是傾聽，關心孩子的學校生活，在他哭泣時給予擁抱、滿足孩子的需求，有時讓他晚一點上學，下課時去接他，或準備特別的大餐。

這看起來沒什麼、很消極，卻很重要。做家長的要讓家庭成為無條件提供愛與支持的地方，對孩子來說，這就是父母可以做到的。

學校環境

針對學校環境，我們應該有以下的基本態度：

1 信守禁止體罰的校園

台灣是第一〇九個立法禁止校園體罰的國家，〈教育基本法〉裡明文規定禁止體罰已邁入第五年，在校園所起的基本態度就是，避免權威者利用暴力合理化其理由，不管理由多良善。

仔細分析體罰，會發現它的「好處」不外是立即的遏阻，暫時壓抑學生的不良行為，短暫的服從；「壞處」則有一籮筐：破壞師生關係（學生是因為擔心處罰才聽從老師，而非基於尊敬與愛），造成學生低自尊、恐懼與不安等負面情緒，長遠來看讓學生學到了合理化的暴力，學習用暴力解決問題，甚至鼓勵老師以暴力發洩自己的不滿，容易發生體罰過當或虐待。

即使政府態度明確，私下假管教之名行暴力之實的新聞依然層出不窮：幼童被用衣架毆打、燙菸疤、甚至摔往牆上等匪夷所思的新聞。根據人本基金會公佈二〇一一年的調查，仍有二九．四%的國中生及一九．七%的小學生在學校被體罰。其中有一種體罰方式為連坐處罰，通常是以分組競賽為名做為連坐體罰的依據，強化其惡性競爭及班級不友善的氣氛，更甚者會影響學生人格發展。

所以更是要明令禁止體罰行為，如果任何問題都可以假體罰之手，那麼長大之後就會假愛之名行暴力之實，說一套做一套，我們拿什麼來教育孩子？現在的校園多半利用勞役、課外活動、其他處罰方式如閱讀抄寫等，代替體罰行為，對不當處罰的老師亦有相關的通報或罰則。

2 建立正面的校園氣氛

一所霸凌事件層出不窮的國中某老師，有感而發表示：「教育無他，榜樣而已。」我很同意他「霸凌本質上仍是教育問題」這樣的說法，上行下效，我們必須先做好該負的責任，才有管教學生的資格。學生是待培養的主人翁，心智性格都還在成形醞釀，不該把問題丟回給學生。

教育部提出「警察進入校園、教官進駐國中」的構想時之所以受到許多人反對，原因不外乎本末倒置、把學生當罪犯的做法。當施暴的學生嗆老師「拿槍開掉你」時，我感到心痛的是，到底是什麼原因讓單純的求學環境變了調，讓學生變成凶神惡煞。

老師受到整個體制的影響與牽制，尤其在一個校長無心、教育無力的環境中，老師的熱誠也會一點一點的死去。現在整個求學風氣朝向士大夫的科舉氣氛，「大學錄取率九成以上」的情況怎麼看都不是一件正常健康的事。

我們來看看目前教育界中的表率芬蘭這個國家的做法。芬蘭的中學生近幾年在「學生能力國際評量計畫」（The program for International Student Assessment, PISA）中表現傑出，二〇〇九年的分數是世界排名第一，它的教育特色是，沒有私立學校，沒有制服，沒有補習和能力分班，學生滿七歲才能入學（七歲以前在幹嘛？盡情地玩，就是不學讀和寫，因為他們相信過早閱讀會壞了孩子的學習、探索樂趣）。七歲以後的上學日子是，每天下午三點半就下課，功課也不多，《棉花糖女孩》（*Girls on the Edge*，中譯本遠流出版）一書的作者利奧納德‧薩克斯（Leonard Sax）說，許多研究顯示，會自己找時間看書的孩子在學校的表現也比較好。

政大教育系副教授鄭同僚引述一本芬蘭教育部長的著作說，教師是現在芬蘭最受歡迎的行業，在學校當老師都是傑出的人才，但在芬蘭當老師並不容易，他必須先大學畢業後參加考試，再接受研究所五年的專業訓練，完成論文取得碩士學位，收入不算多，但對教什麼和如何教擁有很大的自主權，亦受到尊敬。

台灣的做法則完全相反：早早入學，別輸在起跑點上，沒滿四歲不能念小班沒關係，因為還有幼幼班；不去戶外玩泥巴改玩父母的平板電腦，很會玩「憤怒鳥」卻不會玩真彈弓；出去活動為了讓小孩安靜就把自己的iPad塞給小孩。

至於老師這個職業，是的，二十年前是很受歡迎的行業，因為老師被賦予很高的權威，當年的父母都說「老師，我的小孩不乖就打沒關係」，老師也是女性最理想的工作。現在的父母及小孩都沒那麼順從了，若以前老師有三十個「學生」，現在的老師則至少有三十乘以二的「客戶」（小客戶背後還有父母客戶），每個客戶的需求都得滿足。在這樣的情況下老師處處受制，很難有發揮理想的空間。

3 建立多元的接納氣氛

對弱勢族群、多元想法還有多元文化的自然接納，是讓小孩藉由人權教育獲得更寬視野的機會，我們藉由了解與自己不同生活的人學會人性至善的一面，自然也能遠離無知所產生的霸凌。

例如我曾面對一個媽媽是緬甸華僑的小女生，被同學嘲笑是用手吃飯的「野蠻人」，或者是某個歐巴桑個案說自己大陸籍的媳婦「生活沒規矩，懶散，只想要先生的錢」。人與人之間的偏見已經夠多了，在各種文化的衝擊下偏見更是只會多、不會少，許多學校已經開始注意到這樣的問題，並設計各種多元文化的活動，例如每週的認識新住民課程，將地理人文課程再活化，這週是泰國週就介紹潑水節，下次是越南週就介紹越南美食等等，我不用特別問孩子這週學什麼，因為女兒就會跑來吵著「我想去蘭嶼看飛魚」。

成績是另一種對成就的偏見與歧視。公視在二〇〇四年推出一部關於中學分班文化的紀錄片《魔鏡》，而探討教育界背後黑暗面的製作人馮賢賢本身就是大學聯考乙組的狀元，她說：「我是台灣教育的既得利益者，但我也是受害者。」

她在接受《商業周刊》有關「昔日聯考狀元如今安在？」專題時提到，從國一開始能力分班時，她最崇拜的那些體育、繪畫很棒的同學被編進放牛班，在校園裡見到她時的眼神閃爍，看人都不敢抬頭。「為什麼會考試才是好學生？為什麼他們的才能不被肯定？」那些同學從此就變得沉默寡言，在學校像是次等公民。我自己也在這樣的氣氛下長大，當國中數學老師知道我即使參加他的補習數學還是考四十幾分時，就放棄督促我了，我在一個被老師忽略的環境下過著遊魂般的生活，直到自己想為了喜歡的科系而努力，把一年當三年用考上了理想大學，雖然歷史可以考到九十多分，數學還是只拿了十二分。

許多考試榜首都有個共同困擾：他們對自己的人際關係能力不滿意，人際表達有困難，有的榜首表示自己不懂得跟他人合作，老覺得別人動作太慢。更有甚者因為無法忍受自己「考不好」而自貶，結果得了憂鬱症。所以把學科表現當全部成就的結果，不管對資質好或差的人來說都是雙輸的局面。

4 社會文化環境的改善

充滿正義感的社會氣氛可以抑制霸凌的擴大。最顯而易見的例子，就是二〇一一年三月新竹市少女霸凌事件進一步發酵，百名網友集結在政府機構廣場高喊「反霸凌」口號，此舉除了當地主管代表接受連署書、總統格外關切，並使得教育部長公佈新的防治霸凌措施，這個新措施也獲得約五成七民眾的支持。

許多研究霸凌議題的歐美專家認為，眾人集結的力量可以改變如霸凌的社會事件，在學校是利用家長會的力量，家長集合起來的話就代表各行各業的力量，在網路發聲是另一種形式的力量。我曾遇到家長懷疑某學生捉弄自己的孩子應該不是第一次，於是先問熟悉的其他家長，再請認識家長會長的家長反應，結果證實自己的懷疑：那學生果然是該年級最「大尾」的。

大家都同意孩子的霸凌與大人有關、大部分的孩子都不是天生的霸凌者，所以與其指責教育部不力、社會風氣敗壞，不如想想自己可以做的部分，如果家長以為把孩子交給學校，學校就要負責任，同樣也會認為霸凌是「他人的責任」。《聯合報》社論表示，我們真正的問題並非法律不夠用、需再弄個反霸凌條款，而是當青少年需要有人提醒時，如果校方和家長都袖手不管，那才是他們社會沉淪的開始。

如何對應霸凌的集體性

上一篇談過霸凌的集體性，雖然這是社會現象，但還好社會面貌是多元的，並不總是朝向暴力結果。對付去個人化、責任分散的方法，兩位社會心理學家（Steven Karau & Kipling Williams, 1993）也整理出一套對應之道：

1 讓每個人的身分都是可辨識、可指認的，並且會受到他人的評價。

當個人的身分愈多愈明確：「某人的小兒子，班上的衛生股長，家裡開麵店在學校後門巷口、綽號叫『大頭』的那個」，那麼這個人無論走到校園的哪裡都會被指認時，便很難幹壞事。

2 讓團體成員相信自己的工作是有意義的，而且表現不佳時會被處罰。

有些老師會這麼做：讓調皮搗蛋的那個學生擔任風紀股長，或者讓常遲到的學生當路隊長，目的在於賦予對方一個重要任務、榮譽感，藉以改正他原本的行為。成績第一名的只有一個，但要如何鼓勵其他不是第一名的人呢，於是聰明的老師便創造出N個幹部名稱，除了應有的班長副班長學藝等，各排另有「排長」，抬便當的「便當長」，發餐後水果的「水果長」，放學要走各路門的「路隊長」，專門負責處理資源回收的「環保尖兵」，值日生等等（以上參考女兒所唸的某新北市小學）

，琳瑯滿目。

而現在的國小也不時興「排名」了，每學年雖然也頒發類似模範生的獎狀，但非一人獨有，而是每班以「五育均衡」的模式選出五名得獎人，不再排名。

3 減少團體聚集的人數。

把小圈圈打散不失為一個好方法，也就是人少難搞怪的好處。化整為零，有時製造意見相左的小團體有助於互相監督，對師長來說，互相告狀的好處是消息很透明，當某個同學被欺凌時，自會有另一小團體的人釋放消息，減少群體霸凌的危險。

4 讓團體知道正義的規則，如何做「對」的事。

關於校園的人權教育相關遊戲規則必須說明清楚，做了何事會受到何種處罰，由哪些人來執行，重點是執行的一致性，不會隨著對象、時空而有差異。

如果老師糾正學生舉止時被學生飆髒話，當學生被帶到學務處時，老師卻被學務主任指責情緒管理太差，你說這樣如何叫老師管理偏差的同學？又或者某學生上午頂撞老師、抽菸被抓，到了下午卻又拿起木棍當糾察隊指揮交通，沒被懲處反而記了一個小功，賞罰不明，學生如何能了解什麼是「對」的事？

近年的校園霸凌事件，許多都是因為類似無法徹底執行的情況，老師懾於惡勢力不敢干預，只好睜一隻眼、閉一隻眼。如果有好的公權力與通報系統，至少止於單一霸凌，不會蔓延開來。

至於團體中容易產生「團體迷思」的盲點，例如「同學都不喜歡他一定是他討人厭」「他被打一定是欠扁」這種從眾、不理性判斷的單純思考，就是太過依賴團體決定的結果，心理學家爾文・詹尼斯（Irving Janis, 1982）建議採用下列策略以避免團體迷思：

1 避免團體與外界隔離，讓團體有機會向外諮詢其他意見的機會。

可想而知，寄宿學校比一般學校容易有隱藏的暴力，諷刺的是監獄裡的犯人會學到更多暴力的形式，若管理者特別重視資訊是否開放的問題，那麼就可以鼓勵更多人敢向團體壓力說不。中國政府忌憚網路世界的影響力，不斷對搜尋引擎施壓的做法，恰足以說明只要資訊一透明，人民聲音變多，管理、統治人民企圖符合當政者的期望就變得愈困難。

2 鼓勵並容許團體內部出現不同的聲音，以減少從眾的壓力。

鼓勵並欣賞他人唱反調，能讓我們學習接納不同的人。當學生理解娘娘腔的男生其實很可愛時，就沒有必要因看不順眼而捉弄他。民主社會之所以珍貴在於容許異質性，誰都可以有不同的聲音，不必追求一致性，所以你可以批評當權者，沒有人會覺得奇怪。

當幾個人決定要給某人一點教訓時，其中一人扮演「潑冷水」的角色，指出這麼做對團體其實沒什麼好處、自己其實並不想參與時，無形中亦鼓勵潛在反對者，打破「非做不可」的團體壓力。

群體的負向力量也可以用正向力量來對抗。雖然B國中有這麼多的校園黑幫，仍舊有六十多位忍無可忍的老師向相關單位陳情，並讓教育部快刀斬亂麻，讓校長下台，讓警察進駐校園。

本書的討論並非要把人分類，貼上標籤，然後譴責部分人。我沒有資格這麼做，因為我們都有可能是霸凌者與受凌者，只有認清人性本質、暴力本質，才能真的對暴力覺察、自省。

了解霸凌相關法律

霸凌行為很可能觸法，在前述各章節中，我已經列舉一些社會新聞實例說明，即使當事人及家長再怎麼澄清，若已經觸法就要負相關的法律責任，不能以「小孩還小不懂事」卸責。

就直接的行為傷害來說，鬥毆成傷已經觸犯刑法的「傷害罪」，如未成年則適用於〈少年事件處理法〉，交由少年法庭審理；而圍觀者若有教唆或在旁加油吶喊、鼓譟叫好等助長聲勢的行為時，同樣也觸及刑法第二十九條「教唆犯及其處罰」及三十條「幫助犯及其處罰」（幫助犯是指即使加害人自己並不知其幫助，因助長犯罪亦觸法），還有第二八三條的「聚眾鬥毆罪」。被害學生的權益亦可透過民法請求民事訴訟及賠償，或參考〈兒童及少年福利法〉。

近幾年來網路霸凌已經成為校園霸凌的主流，根據美國近期統計約有三分之一的青少年在即時通、社交網站遭到同儕的霸凌。至於台灣，根據兒福聯盟曾公佈調查指出，約每四位國中國小生中，就有一人有網路霸凌他人的經驗。許多學生只知網路很好玩，網路很安全，對網路霸凌的嚴重性渾然不覺：

▼網路的好處本來就是不用面對面，想說什麼就說什麼。

▼只要不指名道姓，開個玩笑也沒什麼大不了。

▼寫網誌就是要宣洩情緒，又沒有要給其他人看，只跟幾個好友分享而已。

殊不知只要散播不當內容的文章就是觸法。曾有個小五男生因為討厭某個女生，就在網路上公佈對方的個人資料，表示這個女生想要援交，結果女生家人不堪其擾報警處理，小男生才知道嚴重性。網路霸凌在台灣出現許多案例，最常用的方式包括癱瘓對方的部落格留言板，或以辱罵的信件塞爆對方信箱。

美國心理諮商師雪梨・克萊爾在《霸凌不要來》一書中特別將「網路霸凌」另立

一章討論，與網路霸凌有關的犯罪型態包括：

▼冒用他人傳送訊息。

▼用密件或副本散播謠言，或將私人往來的訊息公開展示給他人。

▼上傳不雅的照片或影片。

▼性騷擾。

▼威脅或圖謀不軌的行為。

在美國，關於科技犯罪的部分規定得相當嚴格，如果一個未成年女孩拍下自己半裸或全裸的照片，就有可能因「製作兒童色情圖片」而被起訴，即使那個人就是自己；如果進一步把照片傳給男朋友，那就是「傳播兒童色情照片」了。如果罪名成立，這個女生就會在往後二十年之間被註記為「性犯罪者」。

不管你要抗議法律如何跟不上時代，在還沒修改前仍必須知道相關規定，在台灣與網路霸凌相關的法律包括：

▼**在網路上毀謗他人：**網路所提供的匿名與距離感並不能幫我們免責，這更容易讓我們觸法而不自知，其中涉及的法律問題包括刑法三〇九條的「公然侮辱罪」，三一〇條的「毀謗罪」，一八五條的「共同侵權行為責任」，一九三條的「侵害身體、健康之財產上損失賠償」，一九五條的「侵害身體健康名譽或自由之非財產上損害賠償」。

▼**將暴力毆打的影片po上網：**當智慧型手機隨處可見，自拍、他拍行為成為青少年文化的一部分，如果有青少年將同伴圍毆、辱罵某同學的影片放在You Tube等媒體，可能觸及的法律問題包括刑法第二七七條的「普通傷害罪」，二七八條的「重傷罪」，二八三條的「聚眾鬥毆罪」，一八六條的「妨害幼童發育罪」，並同時觸犯〈兒童及少年福利法〉。

▼**轉寄色情、個人私密照片：**不管是轉寄、公開他人的私密照、不實的移花接木剪接照（尤其有性暗示的圖片），只要讓受害者的名譽與生活受到影響，醜化他人並造成傷害，所涉及的法律問題包括刑法第二三五條的「散佈、販賣猥褻物品及製造持有罪」，三一五條的「妨害秘密罪」，三一八條的「洩密的處罰」，

一九三條的「侵害身體、健康之財產上損失賠償」，一九五條的「侵害身體健康名譽或自由之非財產上損害賠償」。

這種新型態的霸凌牽涉極廣，包括家長所須承受的連帶責任，雖然法條生硬，卻不可不理解、防範。例如法律上關於「兒童」「少年」的定義各有不同，也有不同的法律責任，另外關於〈少年事件處理法〉中「虞犯」的定義也必須了解，只要被認定有犯罪的危險性，不一定有犯罪的事實，都有可能由少年法庭處理施以保護處分。

至於如何審理，如何處分，大家可以參考〈附錄二：少年事件處理法介紹〉。少年事件處理法是針對未成年者行為傷害的相關刑事責任，故兒童或青少年發生嚴重的霸凌事件，需了解目前法律的處理原則，才能進行相關的教育與照顧工作。

檢核表
CHECKPOINT

增強個人的正向力量

(1) 改善壓力管理力的做法包括：

□在想法上，不把事情當「壓力」，而視為「挑戰」。
□常常告訴自己發生什麼事，不一定是自己的錯。
□在行動上，見招拆招，拆不成就逃，找他人幫忙沒什麼好丟臉的。
□在心情上，讓自己有可以專注、平靜的興趣或嗜好。

(2) 加強正向習慣的做法包括：

□避開容易造成放鬆的幻覺、實質卻影響健康的物質，如菸酒毒品。
□不做傷害自己的行為，如自殘。
□選擇健康的運動或活動，如：游泳、騎單車、學樂器等。
□養成建立好想法的習慣，相信事情一定有解決之道。

檢核表
CHECKPOINT

改善環境是成人的責任

(1)父母從家庭環境著手因應霸凌：

□讓孩子接收到「父母很愛他」「在乎他」的訊息。

□接納孩子的特質，包括性傾向與性別認同。

□傾聽問題比企圖想解決問題更重要。

(2)老師從學校環境著手因應霸凌：

□禁止用任何藉口來實施體罰。

□先做好自己該有的本分，才有管教學生的資格。

□成績不是考核學生表現的唯一手段，接納學生的多元表現。

□校園霸凌的發生自己也有責任，思考自己該做的部分。

第7章 三級預防模式

「三級預防」的概念是從公共衛生預防流行疾病的醫學角度而來的。我們從過去對身心理疾病的見招拆招，漸漸演變到主動出擊，從積極到消極的三個層次就是：

▼ **初級預防**（primary prevention）：採取某些預防行為避免生病或受傷，如遺傳諮詢、定期接種疫苗。

▼ **次級預防**（secondary prevention）：採取某些行為確認疾病或傷害，並盡早進行治療以防止或消除問題，如徹底的健康檢查。

▼三級預防（tertiary prevention）：當傷害或疾病來臨時試著加以防堵或減緩其擴大。

預防少年兒童犯罪三級預防措施架構圖

（資料來源：教育部九十八年度〈預防少年兒童犯罪方案〉）

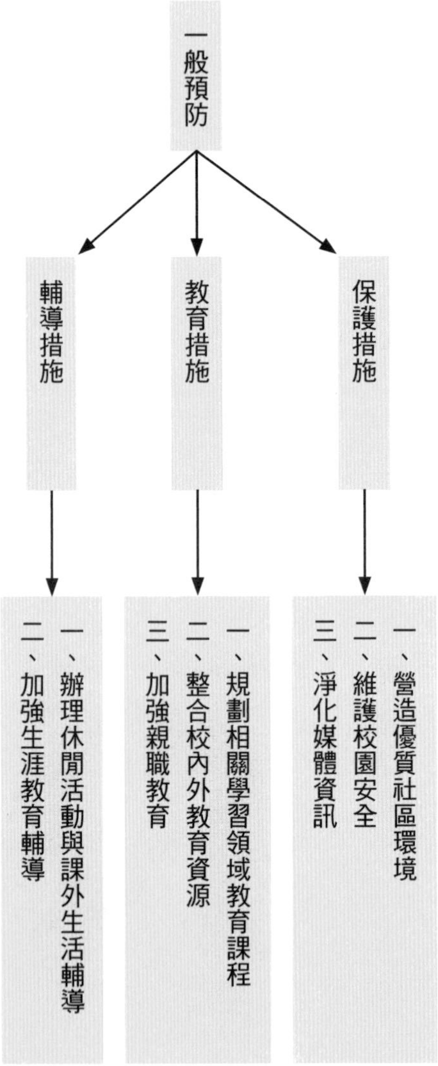

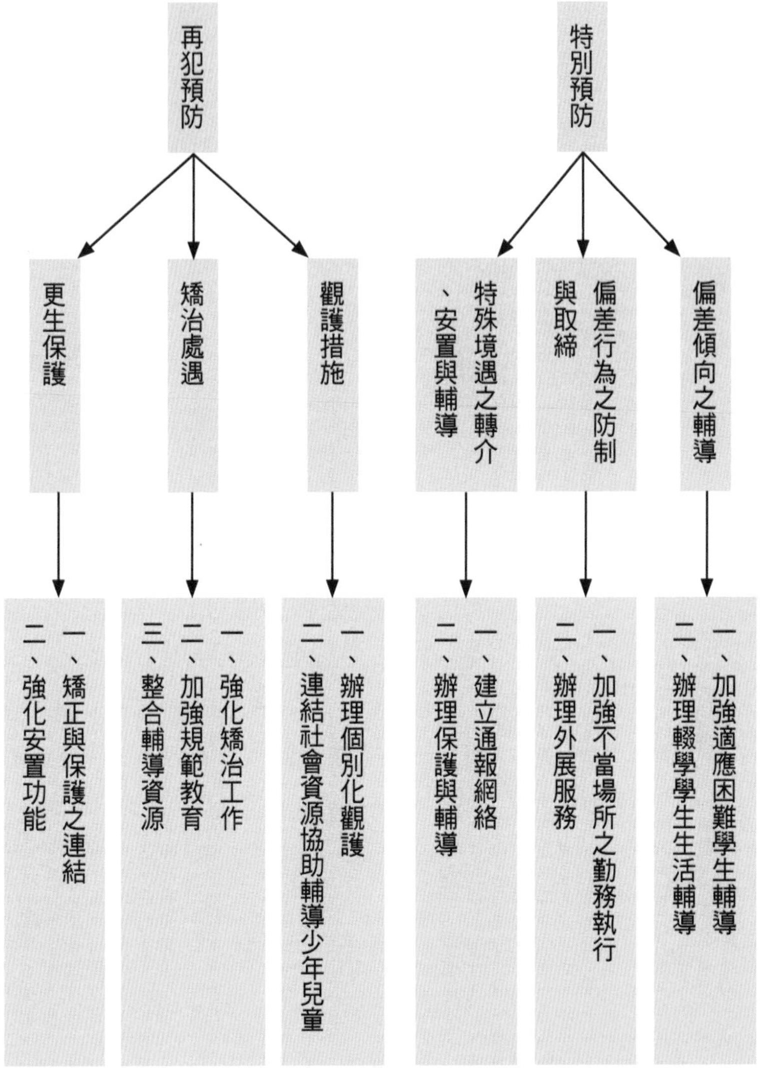
再犯預防
更生保護
矯治處遇
觀護措施
一、矯正與保護之連結
二、強化安置功能
一、強化矯治工作
二、加強規範教育
三、整合輔導資源
一、辦理個別化觀護
二、連結社會資源協助輔導少年兒童
特別預防
特殊境遇之轉介、安置與輔導
偏差行為之防制與取締
偏差傾向之輔導
一、建立通報網絡
二、辦理保護與輔導
一、加強不當場所之勤務執行
二、辦理外展服務
一、加強適應困難學生輔導
二、辦理輟學學生生活輔導

將這樣的想法移植到對付霸凌同樣有用，依照主動到被動，積極到消極的程度區分，它適用於各種程度的霸凌或潛在霸凌。

一、預防

學校環境的選擇

為孩子選擇一所適合的學校而非名校是很重要的，一個孩子願意接受甚至喜歡學校是個好的開始，起碼他會想盡力維護學校生活而克服挫折。

過去我們都依賴學區的分配，較有能力的家長則費盡苦心將戶籍遷到離家甚遠的地方，只為擠進明星學區。現在學校選擇日漸多元，公立高職的排名開始與公立高中並駕齊驅，技職的表現與升大學相比絲毫不遜色，就表示父母更要了解孩子的就學需求，以便安排合適的學校。

最基本的要求，無非是避免學生沉浸在可能產生暴力的環境氣氛之中，住宅區附近有書店、公園的校園，勝過商業區有網咖、電玩店的校園。學校或家長為青年學子設計適當的教育活動或對成長有益的相關經驗，也有助於增進學生的自我適應能力。

一個喜歡餐飲的男生唸了一所有許多在大飯店實習機會的餐飲科，他國中就會烤蛋糕，烤得比其他阿姨都好，也早早拿到丙級的廚藝執照，他跟我說現在在學咖啡的拉花；另一個整天在學校惹事的護校女孩告訴我，她恨死了護理，勉強唸了前兩年還好，到第三年要實習時就很心煩，常與同學衝突又鬧自殺，她說：「我媽是醫師，她本想要我也學醫，但我哪考得上啊，所以她退而求其次要我唸護理，說什麼女孩子要有穩定的工作，以後最好也嫁醫療人員。」可惜媽媽的如意算盤打得不好：女兒不但唸得不開心，還製造了一堆問題。

一個好的學習環境有多重要？大人要停止將自己的標準套用在小孩的學習上。《棉花糖女孩》的作者薩克斯表示，他不覺得宣稱每個小朋友都有一部電腦的學校有什麼了不起，尤其是對五、六歲的孩子，他比較在意的是該校的校長是否了解幼兒發展的適當時期。

美國四年級小朋友的平均閱讀程度比一九八〇年代高，但十二年級的閱讀程度卻沒有八〇年代強。事實上現在十二年級的孩子對閱讀根本沒有興趣。……我認為部分的原因是我們太早催促孩子閱讀，在他們還未發展好之前開始閱讀，反而使他們遠離閱讀。

法國哲學家盧梭認為，孩子在閱讀之前應該直接體驗世界。事實上現在許多學校都相繼設計多元文化與教育的活動內容，例如讓小學生戴上眼罩體驗盲人生活、套上鐵架體驗身障者行動不便的生活，或者安排國際文化日，讓新移民的媽媽有機會介紹自己的國家。這些豐富的課外活動其實藉由學生同理心的培養，也能增加觀看不同個性的人的機會，讓孩子了解學業表現不是唯一，每個人都有其價值，避免因內化了階級地位的標準產生霸凌。

包容的社會觀

根據法務部近十年的統計，不管是青少年或兒童，犯罪人數都呈現下降趨勢，那為什麼一般我們的主觀感受卻是「暴力行為愈來愈多」？

這包含了幾個現象，第一是媒體的推波助瀾，有線媒體與報紙對暴力事件的不當報導，一段簡短的訪問可以斷章取義幾秒鐘的情緒性語句，一個事件擷取某幾秒衝突畫面，不斷重複強力放送的結果，就會扭曲了整個事件的真實，強烈暗示某種媒體主導的可能性。第二是情感關係的疏離，許多家庭應有的親密關係變得比陌生人疏離、衝突，許多人在家遠不如在外頭開心，缺乏情感滿足的結果就是產生出一群憤怒空虛的年輕人。第三是社會貧富差距擴大產生的問題，小學學費一學期從公立的一千多塊、到二十幾萬的貴族學校都有，想想看如果把這兩種極端的學生擺在一起會如何？

以社會風氣消弭暴力聽起來緩不濟急，卻非做不可。沒有進入法律程序的暴力不代表就不是暴力，暴力已經悄悄進入家庭、學校中，成為情緒發洩、彰顯權力或報復的一部分。我們要開始尊重與自己不同外觀、種族、文化、階級地位的人，並教導我們的孩子更有包容力，就可以避免因為刻板印象產生的無知霸凌行為。所以我認為——

▼不重複暴力新聞或細節的電視台應該獲得表揚。
▼將年終盈餘用在公益活動或捐款比請藝人表演晚會的企業更該得到尊重。
▼出國是為了參加國際志工比參加遊學團的孩子更應該得到鼓勵。
▼學泰文比學英文還酷，學會並教同伴「很高興認識你」的手語很讚。
▼讓自己有機會認識一些同志朋友，並承諾要當他們婚禮的伴娘（郎）。
▼願意訂喜憨兒的月餅代替高級飯店的月餅。

除了看得到的外顯差異，也包括看不到的內隱差異，例如特殊的家庭背景。在單親與隔代教養的比率愈來愈高之下，社會對不同的「家庭」定義與包容度勢必也要愈來愈有彈性，甚至學習面對「父母都是男（女）的」的獨特家庭模式。

有個資優的聯考榜首回憶自己在九歲時失去父親，某天和同學吵架時對方一時吵不過自己，便脫口而出：「你有什麼了不起，你爸都死了！」從此她就用第一名武裝自己，只有這樣才不會再被傷害。現在單親與隔代家庭滿街都是，似乎已經不成問題了，有個小朋友告訴我，他的好朋友跟他一樣「只有媽媽」，但我們已經開始接受「媽媽是男生」或「爸爸是女生」了嗎？這又會是一個漫長的接納過程。

互助友善的校園氣氛

美國佛州有個七年級老師的教學心得是，如果你讓學生自由選擇座位，他們馬上會自我隔離和好朋友坐在一起，不敢遠離自己感覺的安全地帶。

這位老師運用許多好老師都有的策略：利用「合作學習」的方式設計活動，採抽籤、隨機的方式分組，讓孩子們有機會認識與自己有差異的人，也有機會打破小圈圈，建立圈圈外的人際關係。孩子並非不願意、而是沒有機會認識與自己不同的人，所以學校必須負起這樣的責任。

我的兩個女兒唸的幼稚園每年都有英語競賽，通常小班生都選擇唱英文歌，中班與大班則選擇說英語故事，然後按照慣例地各班選出第一名、第二名、第三名；有一年老大說故事比賽得了第二名，很高興也很神氣的去領拿起來比她還高的大獎盃，然後興高采烈的跑到也參加比賽、她最好的朋友Karen身邊說：「你看我的獎盃！」結果英文也很好卻沒得獎的Karen突然大哭起來，我和她的媽媽則慌亂的分別拉開勸解。後來小女兒也參加同樣的英語競賽時，第一名、第二名、第三名取消了，改成十名入選、五名優等、三名特優，獎盃全部改成獎狀，只要表現平穩的話幾乎人人有獎，沒有強烈的競爭心態，皆大歡喜。

塑造一個公平競爭又良性互動的學校氣氛，是校園霸凌預防工作很重要的一步，那些認真聆聽學生需求的學校不需要額外告訴他們「如何找出問題學生」，因為只有問題，沒有問題學生。

學校的整個互動系統中，須包含有經驗、有能力處理學校事務的學務人員，可以協助學生發展潛能、鼓勵學習，並預防學生偏差行為的發生。

台師大的張學梅教授在報上為文表示，其實減少霸凌發生的學校關鍵人物是生活輔導組及訓育組，這些老師是各班導師的有力靠山，當導師遇到無法處理的狀況或需要學校更高層級人員介入時，相關的輔導、訓育老師就能適時介入處理，包括面對不理性的家長，校園內外的幫派處理，可以有更專業的態度處理情緒問題，或者處理更棘手的恐嚇、威脅等暴力問題。

但現況是，學務工作常常並非由資深或專業人員擔任，因為人力不足而由老師輪流兼任，對許多老師來說這是個吃力不討好、避之唯恐不及的工作，所以最後常常落在新聘老師或代課老師身上，當一年約滿時又再聘新的老師擔任，如此品質如何能維護校園安全？

我在門診中曾遇到一個國小代課老師，她告訴我，現在外頭有一堆流浪教師，學校卻遇缺亦不釋出正職教師，而是以一年一聘的方式聘用代課老師。我的個案剛從學校畢業不久即要擔任小四下學期的班導，想當然常常有使不上力的無助感，更不用說新手被迫擔任學務工作的無力感。

學校系統是對抗霸凌的主力，主要單位「學務處」扮演重要的角色，若人員配置足夠，又有相關專業訓練，長遠來看能夠預防霸凌問題的發生，當問題發生時亦能承擔責任。

學務處的編制從學習、發展的角度來看，是學生品德教育中很重要的扎根工作，其中「生活輔導組」負責培養學生正確的價值觀、正向的生活態度，並與學生家庭互動，生活常規的規範與執行如禮儀、服裝儀容，請假、缺曠課的處理，交通安全，突發事件處理，從學生日常事務到學生家庭生活，幾乎無所不包。「訓育組」（或活動組）提供學生均衡發展的機會，負責的工作包括培養生活技能，參與各項活動（如體能、才藝、慈善、環保），校園例行活動如校慶、畢旅等。

我們應該從良好的學校體制中增加霸凌的相關保護因子（即免疫力），學校各組在課內外生活輔導及教育輔導上互相搭配，培養預防霸凌的體質。

二、因應

公共衛生第二層次「次級預防」，在霸凌處理上指的是如何針對問題做因應，針對霸凌議題更有效的採取某些策略。

在疾病預防上，這是指要找出哪些人在某疾病上是高危險群，早日篩檢，並針對這些人做進一步健康檢查、診斷及早日治療，例如在症狀初發、細胞尚未病變以前早日治療，便能預防癌症的發生，或在健康檢查被發現有脂肪肝之後，立即在飲食上做調整以避免肝硬化甚至肝癌的危險。

此概念類化到預防校園霸凌行為上就是，大人須建立對霸凌高危險群的敏感度，找出高危險霸凌者，包括有家庭、個人的危險因子（可參考第3章〈誰在霸凌？〉）如中輟生、學業或學校適應困難的學生，加以輔導、監督其行為，並對較弱勢如身心障礙學生有照顧上的相關措施。例如——

- 學校或社會團體針對有人際互動困擾的學生設計「人際互動生活營」或其他教育課程。
- 針對高危險的兒童少年設計安置收容、就學復學及就業輔導等方案。
- 在暑假舉辦暑期成長營，邀請高關懷及邊緣少年兒童、弱勢家庭兒童參加。
- 加強取締犯罪場所，並宣導防治犯罪問題的衛教，例如反毒、反詐騙、防範網路犯罪等，相對的也擬出少年兒童保護方案。

南部某國中九年級的學生向媒體投訴，校方為了「反霸凌」，要求學生不得跨年級交談，否則會遭到處罰，即使同校親兄弟姊妹互拿東西也要經過老師同意。校長向媒體表示因為校園曾發生言語霸凌，才會做出這樣的限制。但做出人際溝通的限制等於分化學生的關係，這種反過了頭、矯枉過正的「反霸凌」，絕對不是理想的預防方式，就像擔心菜刀成為凶器所以禁止商店賣菜刀一樣，都是鴕鳥心態。

首先應該對什麼是言語霸凌更有概念，並把這樣的概念教育給學生，並非言語互動多衝突就一定多，如果還能夠藉由各年級社團活動的機會引導各年級的人和諧共處，增加彼此合作互助的機會，即使有衝突也能直接面對，因為這才有溝通機會，更勝於逃避問題。

站在關懷立場設計對學生有效的活動，才有辦法真正達到協助的目的，有一部紀錄片《飛行少年》就是提供一個「成功經驗」為訴求的活動，主角是來自不同背景的少年，各自因為行為問題，遭受家暴、偷竊、失親等問題而來到信望愛學園。他們的成長過程中充滿挫折，缺乏正向經驗，為了協助他們找回自信，建立屬於自己的成功經驗，板橋地院觀護人盧蘇偉和更生團契牧師黃明鎮便共同策劃「單輪車環島一千公里」的活動，只要奮力完成這個目標，就能建立成功經驗，擁有好的人生經驗。

過程中盧觀護人與年紀甚大的黃牧師皆冒著受傷危險，也在學習單輪車的行列中，大家在跌跌撞撞中好不容易學會，隨即展開長達二十天的環島之旅，最小的孩子只有八、九歲，卻是最勇敢不喊累的學員，其中當然也有學員違規、被迫退訓的情況，但幾乎每個少年在經過這樣的旅程後都變得更堅強，有人重回校園繼續學習，有人則找到屬於自己的價值。

這些可能是未來霸凌的高危險份子，因為有心人的不放棄而拯救了自己，其實只要給他們夠多生活教育機會，自然會有人迎向這樣的機會。

學校的策略

目前從政府到學校皆有擬定完整的因應霸凌策略，不管是學校的工作守則還是老師的內部教育，都有明訂的步驟可執行，有意願推動校園安全計畫的學校亦能夠向教育部申請到相關補助，不管是教學資源還是心理輔導。我在蒐集資料過程中了解到中央行政體系的相關計畫，其實許多人都投入許多心血在努力，反霸凌政策絕對不只是口號而已。

「正向管教工作計畫」主要從協助老師的專業教學（也擴及至學生家長）著手，藉由積極的正向管教、避免體罰、有效處理學生偏差行為來加強霸凌三級預防的功能，因為老師也有人性盲點，需要不斷的被監督與指導。這個計畫也分三級，為了避免與霸凌三級預防概念混淆，再分別解釋如下：

▼**初級預防**：老師以身作則帶領學生從事社區公益服務活動，學習各種發掘學生多面向優點的技巧，並用積極的方式開放各種討論，促使教育相關人員放棄體罰。向內的部分則在於如何察覺並控制自己的情緒，避免情緒之下的不當管教。如果老師與家長能夠達成輔導管教上的共識，將對學生達到最大的幫助。

▼**次級預防**：建立學生對於管教方面申訴的管道，並加以宣導。另外學校在老師違法處罰事件發生後進行通報與處置，以防止日後體罰再發生。對相關的老師也有研習進修的機會，並有其他教育人員可以協助他關於教學輔導上的諮詢。

▼**三級預防**：在老師發生嚴重違法的處罰事件之後，所展開的危機處理與標準作業流程，如接受專業的心理輔導，甚至有更積極的處置以保護學生，例如要求停職

等。

體罰與霸凌的關係一體兩面，如果一方面處理霸凌，另一方面卻不處理老師的體罰，那麼體罰當中有多少是權力上的霸凌？上述曾經提到台灣要邁向零體罰國家，就是要從教育自身做起，杜絕任何假體罰形式行暴力之實。

在門診中我遇到一位在國中任教約十五年的國文老師，她雖然盡量淡化自己的問題，卻壓不住潛藏已久的精神症狀。她告訴我學校要陷害她，不讓她繼續教書要逼退她，根本沒有家長投訴過她，除了一個家長（經我詳問才不甘不願的說那個家長「剛好」是家長會會長）。

實際上的狀況是，她會不當的責打學生（雖然她強調「只是」用自己的手拍學生的腿，不會痛），這幾年學校早就不讓她教主科，而讓她教授休閒課程，但她並沒有利用這樣的機會好好就醫，而是放任自己的妄想症狀不斷發酵，與周遭同事衝突不斷，學校只好軟性的不斷給她病假，要求她出具醫師診斷證明，所以她今天才會坐在這裡和我對話，她要證明自己是ＯＫ的，沒有病。

學校針對這樣不適任的老師也有積極的處理，老師不是終生職，為了學生權益與避免校園問題，適當的管教是必要的。而她被學校列為不適任教師名單，並成為學校密切監督的對象，她很不以為然的告訴我：「我是『被輔導』老師喔，不是輔導老師。」還好學校有做到負責監督管理的責任，否則放任這樣的老師做到退休，不知又間接教出多少小霸凌？

另外，站在輔助學校的立場上，必須再建立校園輔導支持系統，此部分與學校行政系統互相搭配，結合外在資源、專業與行政、公權的力量。

校園輔導系統包括相關的諮商輔導人才。社會工作師，結合相關的社會資源如警政、醫療、社政系統，提供學生與其家庭全方位的相關福利資源，在較需關注的家庭如新移民家庭、高風險家庭方面顯得更重要，在社區中是重要的監督與預防力量，不管是霸凌背後的家庭問題，或者自殺、成癮等心理問題，都需要社工所帶來的社會支持力量，例如轉介安置所在或治療機構。

心理師包括諮商心理師與臨床心理師，主要提供專業評估與諮商治療，分擔教育體制下對學生心理輔導的壓力與責任，並針對特別需要關注的學生如情緒困擾、行為問題、學習障礙等進一步診斷，並與醫療系統做連結，甚至可以進一步關注老師的壓力調適。

當整個校園輔導支持系統可以順暢的在校園運作時，老師就不再孤軍奮戰，在專業分工之下對學生的個人面、家庭面、社會面皆可兼顧。

政府的策略

在三級預防的層次上，政府的積極介入通常由第二級「因應」開始。第一級是概念上的推動，需要整個社會文化氣氛的參與，但隨著問題愈來愈具體、嚴重，政府法律的介入就變得不可或缺。

民國九十五年教育部即有「改善校園治安、倡導友善校園、啟動校園掃黑」實施計劃，九十八年再擬定加強版的〈推動反霸凌安全學校要點〉，整合學校行政、教學、空間環境、心理輔導、健康服務與社區合作等策略來達到以上目的。教育部推動的友善校園計畫因其中提及較多危機處理，故我將這部分放入第三級預防討論。

政府在次級預防中扮演的角色，就是建立屬於反霸凌的標準作業流程，當各級學校發生類似事件時有處理依歸，雖然看似制式卻很重要，否則會流於各個學校「一人一把號，各吹各的調」，某個事件有人認為是霸凌、有人則主張不該當霸凌來處理，態度的不一致對當事人學生來說都是傷害。也藉由賞罰機制要求學校必須增進防制霸凌的知識，藉由考核機制公開學校的成效。

在政府處理犯罪問題上，在「防範犯罪」的階段，也就是針對高危險的族群也有相關的措施，法律上對青少年高危險族群的定義稱為「虞犯」（根據〈少年事件處理法〉規定），指的是少年有以下情形之一，有觸犯刑罰法律之虞者：

▼經常與有犯罪習性之人交往者。
▼經常出入少年不當進入之場所者。
▼經常逃學或逃家者。
▼參加不良組織者。
▼無正當理由經常攜帶刀械者。
▼吸食或施打煙毒或麻醉藥品以外之迷幻物品者。

▼**有預備犯罪或犯罪未遂而為法所不罰之行為者。**

在此可明顯的發現，法律認定的霸凌高危險群與我上述所提到心理學層面的高危險群定義有些不同：法律是結果論，站在所產生的行為後果來看是否犯罪；心理層次則重視更多包括個人特質、家庭互動、社會環境等層面。

為了避免「今日的少年犯、明日的成年犯」，政府也成立結合司法、教育、社政、新聞、青年輔導等跨部門組織，結合社會資源來推動以下的工作，這些工作也可以說是上述所提到各種資源的整合，並進一步提供更有力的後援（參考法務部及教育部）。

▼**預防兒童青少年犯罪方案**，執行細節包括上述曾提到的協助中輟生、高風險家庭的兒童與青少年等措施，只是由中央或地方機關來執行（參見「預防少年兒童犯罪三級預防架構圖」）。

▼**暑期保護青少年的青春專案。**這個由各地方政府執行的專案，在暑假期間特別加

強有關網路活動、查緝犯罪場所，並可與大專社團合作相關夏令營、與傳播媒體合作製播專題等。

▼**內政部兒童及少年福利促進委員會。**由政府機關執行照顧兒童、青少年的工作最大的好處，是能夠針對不遵守〈兒童少年福利法〉的大人訂定罰則，有資源也有權力執行。

▼**學生輔導及生命教育諮詢小組。**這個早在民國八十七年成立的組織原來負責有關監督中輟生的輔導工作，之後將服務範圍擴大到籌設不幸少女的中途學校，再擴大到所有的學校輔導工作，期待能建構出關懷、多元、開放、支持的校園環境。

三、處置與彌補

此為第三級預防模式。在霸凌事件發生之後，如何馬上展開彌補的動作避免傷害擴大？這包括立即通報與了解，對相關學生做個別的處置、輔導，甚至治療，等事件發生一段時間後必須再追蹤其身心狀態，並再確認、落實霸凌的處理是否有遺漏、如何再加強。

政府的策略

在持續推動友善校園計畫中，尤其為了避免學生遭受性霸凌、性侵害或性騷擾，教育部明定七大項原則，內容分為「四要三沒有」：

▼原則一：要面對事實。包括了解目前官方民間的統計數字，勇於面對目前遭受侵害的兒童青少年的事實，提高敏感度，能夠在第一時間通報展開應變機制減低傷害。

▼原則二：要勇敢說出。鼓勵學生在事件發生後勇於說出，老師能夠了解學生的害怕並知道如何與學生溝通，並在二十四小時內通報社政單位，依事件性質即時通報校園安全中心。透過教學或機會教育，讓孩子學會自我保護及如何求助。

▼原則三：要敏感辨識。學習辨識學生身體與心理受到傷害或受到傷害後行為改變的跡象，不錯失學生所表現出各種可能的求助訊息。

▼原則四：要危機管理。依法訂定校園性侵害或性騷擾防治規定與流程，並公告與落實執行，讓師生及家長知道事件發生後該向誰求助、求助專線及會被保密的處理流程，可運用的網路資源。

▼原則五：沒有機會、杜絕傷害。

▼原則六：沒有延宕、知悉即報。除二十四小時內向主管機關通報外，十八歲以下遭受性騷擾仍應進行法定通報。

▼原則七：沒有忽視、人人有責。教育部的反霸凌專線為0800-200885。

以上為針對性傷害的議題所擬出的處理原則，當然校園霸凌不只性霸凌一項，藉由參考性霸凌的處理原則，同樣也適用於其他情況的霸凌，尤其是較易被忽略的關係霸凌等看似情節較輕，傷害卻可能更深遠。

學校的處理

在學校的層次上：針對老師做霸凌主題培訓的再教育，讓老師認識霸凌、學習如何處理、並了解處理霸凌的機制，有了基本認識後就能推動團隊的共同合作關注弱勢學生，並有能力教育家長。

在班級的層次上：老師可以帶領學生訂定與反霸凌有關的班規，例如訂定「不應該排斥種族、性別、宗教、性傾向、體重、穿著、興趣喜好等與自己不同的人」或「不在上課時傳紙條、簡訊、打手機」「如果和同學有衝突無法處理要直接報告老師」諸如此類，教導人際衝突處理，情緒憤怒處理，尊重與同理心溝通技巧，並鼓勵家長參與。

在個人的層次上：針對霸凌與受凌者作輔導。

有個國小女生因被同齡男同學言語恐嚇而來就醫，當時她的身心狀態已經符合我們對「創傷後壓力症候群」（PTSD）的診斷，而且已經需要靠助眠藥入睡。焦急的媽媽告訴我，對方雖然只嗆過她一次，但老師處理的方式卻是把男生叫來和她對質、溝通，並要她向男生道歉（老師的認知是「男生是因為個案跟同學說了不當的話傳到他的耳朵裡，所以他才會生氣」），當媽媽表示女兒受凌時老師還認為「這應該不叫做霸凌吧」。

連霸凌的定義都還模稜兩可，如何能幫助孩子？所以老師須具備相關知識是很重要的，即使這樣還不一定能讓孩子有安全感，必須再加上處理技巧，才不會又傷了孩子一次。

家長的處理

關心霸凌的父母獲悉孩子受凌後無不又急又氣，想趕快做些什麼讓傷害減到最低，但是在展開行動力之前須先做好準備，別讓情緒走在理智前面，有些原則是不可不知的：

▼**避免立即對質**。有些家長或老師會直覺的想釐清對錯，直接問闖禍的同學：「說，你到底有沒有打他？」「你有沒有偷他的錢？」學生基於防衛本能便會否認，這只會升高衝突的氣氛，若沒有適當的仲裁最後會走到互相指控、推諉的地步，也沒有真正幫助到受凌者，說不定還因「告密」而引來霸凌者的不滿與報復。較理想的方式是先個別了解情形後再做處理。許多大人會懷疑霸凌的嚴重性，甚至

質疑被害者誇大、說謊，如果有這種先入為主的觀念，更應該聽聽孩子怎麼說，在被保護的氣氛下，受凌的孩子可以說出更多事實。

▼**避免立即找對方家長理論**。少有家長會承認、接受自己的小孩是霸凌者，遑論在別人的父母面前認錯，這無疑是指責自己管教無方，所以會本能地否認所有的事。我們常可以從新聞中發現嫌犯的父母無不極力辯白、澄清自己的小孩多無辜，所以一開始找對方家長理論只會做白工，不如先將重心放在安撫孩子身上，溝通的事可以請校方介入時再處理，到時也有個公開中立的調解者。

▼**避免指責小孩**。指責孩子是最直接的二次傷害。我們的教育常常是先要求自省，如果被不當的對待，要先問自己做錯了什麼，所以小孩一被欺負，父母有時會說：「你一定是做了什麼，人家才會這樣對你。」「為什麼他不去欺負別人，偏偏要欺負你？」這無疑暗示小孩在說謊。會這樣說的父母多半也因為羞愧感、自責而產生的防衛機制，因為小孩受到傷害意味著大人沒盡到保護的責任，對忙碌的雙薪父母或單親父母來說情何以堪？故將憤怒的情緒投射在孩子身上，生氣他為何那麼脆弱、不夠勇敢無法保護自己，結果沒幫到孩子反而先傷了他。

▼**父母避免自責與互責**。有時父母還沒來得及安慰孩子，自己已經有許多負面情緒產生，甚至將生氣、不滿的情緒轉移到伴侶身上：「孩子出事了你為什麼不知道？」「你不是每天送他上學嗎？」「你怎麼會沒注意到他身上有傷？」也要避免將這個孩子與其他手足比較：「哥哥也是唸這所學校，為什麼他沒有被欺負你卻有？」「你就是不像姊姊那樣會交朋友，才會搞成這樣。」結果不僅沒達到了解事實的目的，反而讓孩子更加噤聲，離你愈來愈遠。

我想能夠看到這個章節的父母，都是負責任、有心要了解霸凌的好父母，你想給孩子一個安全的環境，避免孩子遇到不好的事，你對孩子而言是最有影響力的人，所以你的態度可以決定一切。我的經驗是，即使霸凌的後續處置不盡理想，例如霸凌者轉向其他目標，行為並沒有收斂；學校依舊無法有效管教，但孩子會在你的陪伴下走出陰影，因為孩子可以感受到父母站在他這邊，父母是挺他的，這個感覺比什麼都重要。

你應該做的是：

1 了解問題

把霸凌狀況搞清楚是首要任務，但這本身就不是一件容易的事。首先身為家長的你可能會帶入許多偏見：例如原本自己的孩子就和同學處不來，一發生事情最直接想到的是「這是真的嗎？」有家長告訴我，他的孩子人緣本來就不好，常與別人對嗆，突然跟他說這學期自己被捉弄十幾次，太誇張了，所以這個家長不相信。做家長的要理解孩子不會就這樣的情況說謊，這種事情並不只是「想吸引你注意、關心他」這麼簡單，其實在孩子告訴你事實以前通常已經掙扎了很久「要不要告訴你」，怕的就是得到這樣的反應。

所以最好的方式是先傾聽，不批評；聽不懂就發問，不要給意見，直到了解事情的全盤情況為止。除了孩子的主訴，加上你近期對孩子生活作息的觀察，哪裡有不對勁的地方（可參考第一篇〈認識霸凌〉中有關霸凌的徵兆），再兩相對照。

有時候我們需要等待合適的時機，太好奇或著急的逼問像審問，不妨讓孩子決定告訴我們的時機，同時讓他知道：只要他準備好要說，我們隨時願意傾聽。

如果孩子告訴你的時候已經距離事件初發一段時間了，務必向他再保證「媽媽（

爸爸）一定站在你這邊」，同時大人也要進一步自省：為什麼孩子這麼晚才告訴我？為什麼不能在事情一發生就說？是不是自己在教養過程中讓孩子誤以為「告訴你也沒用」？

2 向學校報告

孩子需要什麼？當孩子告訴你發生了什麼事之後，可能會請求你不要說出去，他們有很多擔心：擔心愈多人知道愈可能被報復；擔心老師無法好好處理，反而讓自己成為告密者；擔心這其實是自己的問題……。而你也很擔心告訴學校會不會背叛了他的信任？

校園霸凌當然要從校園解決起，所以非得告訴校方不可，只是如何在顧及孩子感受與危機處理之間找出平衡，又考驗我們家長的處理功力。先給自己一個心理建設：讓大人介入處理絕對是符合孩子最大的利益，不能被孩子的情緒牽制住，成熟的大人有處理暴力危機的能力。

《無霸凌校園》（*Dealing with Bullying in Schools*，中譯本五南出版）一書建議家長

對校方可以提出幾點規範上的要求：

- 學校教育人員與管理階層如何定義與理解霸凌行為。
- 霸凌行為的控訴該如何記錄與調查。
- 霸凌者的攻擊行為會受到什麼處罰。
- 學校對霸凌者與受凌者建立了什麼支援系統。
- 學校有何打擊與預防霸凌行為的策略。

雖然近幾年各級學校如火如荼的展開防制霸凌的工作，但並非每所學校都能按照教育部規定的步驟走，當學校缺乏相關問題的處理經驗時，家長有義務提供相關協助。例如當學校認為沒那麼嚴重、孩子看起來也沒什麼事時，我會建議家長把精神科的診斷證明拿給學校參考。有時家長的期待與學校不同調，家長必須與學校協調出一個解決問題的時間表，例如希望學校可以在二週或一個月內回覆以上的五點要求，好讓我們知道學校的處理進度。

3 學校與家長共同合作

在這個部分需要的是合作、不是對立。有時家長與校方態度一致、和班導的態度不一致，或者和班導態度一致、卻和校方不一致，這樣的差異有時是因為對當事人的了解程度不一。

例如家長反映霸凌問題同時，班導可能早一步知道而先做了處理，並可以把學生的在校生活狀況向家長說明，釐清同學之間相處的「恩怨」，但校方卻還沒有進入狀況；如果問題橫跨兩個班級，則兩個班的班導對問題的認知也可能不一，我也遇過有的老師對家長直接上訴校方、甚至打給反霸凌專線的舉動覺得「沒有被尊重」感到不高興。

有的家長（大部分是不滿意學校處理方式的家長）在門診中會告訴我，其實某某老師的家庭有問題，本身也有憂鬱症看精神科等等，這對問題的幫助並不大，徒然加深彼此的偏見：家長認為老師不夠了解自己的小孩，老師認為家長不懂教育。有趣的是，這就像「瞎子摸象」一樣，大家都摸到其中的邊，為何不能把它拼湊起來成為一個完整的理解？

如果天下太平無事，我想家長除了園遊會家長會之類的活動外不會特別到學校觀察孩子的生活，而學校只知道學生資料卡上填寫的父母資料，從來沒有機會親眼見到父母本尊，……碰！發生事情了，原本沒有交集的雙方要如何展開溝通？

學校都設有家長會，是介於學校與家長之間的橋梁，擔心的父母可以透過家長會的力量公開討論此事務，或許可以在也有類似問題的家長身上找到支持力量。為了讓讓學校務必認真看待問題，家長必須認真看待自己的角色，打電話不如親自到學校來得慎重，一個人去不如父母雙方（單親者可聯合其他家人）共同出現，學校看到學生的家庭支持度那麼好，絕對不敢掉以輕心。

抱著指責心態絕對無法處理好事情，家長在平日就該與學校有適切的互動，聯絡簿不是簽個名就了事，學校的大小活動公告也要注意，不能一問三不知，等到需要相關資源時才不至於孤立無援。

公權力的介入

負責少年法律相關工作的中央單位為少年警察隊，負責少年犯罪的偵察與預防，對校園霸凌的處理工作主要在於：在校區設巡邏箱加強巡邏查察，掃除校區附近不良青少年及幫派份子，並取締校園附近違規營業的不正當場所及電玩店。

警政系統的工作，較理想的方式為柔性協助。當校園霸凌一發不可收拾時，對軍警的需求聲音開始出現，在修法緩不濟急的情況下，急切的保護學生就成了許多家長的聲音，例如曾經喧騰一時的桃園八德國中在三個月內發生至少三十一起校園霸凌事件，問題已提高到社會治安的問題，直到警察進駐校園，他校教官支援該校，表面上才平息了暴力問題。

當然我們知道校園是學習的環境不是軍營監獄，但當問題已然發生時如何有立即的行動力加以遏阻？我們不能忽略幫派、黑道對校園的影響力，當輔導系統已然超過可以處理的範圍時，警力的介入變成在所難免，霸凌的所作所為便成為觸犯刑法的層次，如性侵害、妨礙自由等。警察機關對於協助校園的部分有別於處理其他社會案件，考量犯罪對象的年紀與校園特性，目前較折衷於：

▼柔性巡邏：警察以校園外部做為巡邏重點，並以徒步或騎腳踏車、機車的方式減

少其威脅感，對潛在暴力產生遏阻的作用。

▼**加強法治教育**：教育觀念也包括「法治」這一塊。例如不知道散佈惡意簡訊、轉貼攻擊文章是犯法行為，經由不定期的校園宣導與演講，在事件發生時可讓相關人員了解應負的法律責任，平時亦可以教育師生了解法律。

第三級的預防主要在於做出明快的緊急處理，例如有誰要負相關責任？是否涉及法律？另外一項重點則是針對霸凌氣氛下的學生進行輔導或是衛教，讓他們了解霸凌相關知識與行為後果，以避免傷害持續擴大。

對受凌者的輔導或治療工作雖然從這個階段就開始，但這個漫長的療傷過程卻沒有時間表，沒有所謂的「階段」，因為要處理的不僅是事件本身，同時可能還要處理以往累積的創傷經驗，或伴隨而來情緒症狀，更多的處理細節將在第三篇〈走出霸凌〉中詳述。

檢核表
CHECKPOINT

在霸凌的預防階段成人可以做些什麼？

⑴在霸凌的初級預防階段家長或學校應該做到：

□為孩子選擇適合的學校而非名校。

□尊重與自己不同外觀、種族、文化、階級地位的人，讓孩子更有包容力。

□營造互助友善的校園氣氛。

⑵在霸凌的次級預防上學校或政府應該做到：

□找出霸凌的高危險群，並加以輔導、監督（學校的策略）。

□協助老師的「正向管教工作計畫」，讓老師有能力處理霸凌（學校的策略）。

□結合校外力量的校園輔導系統，包括心理師與社工師（學校的策略）。

□建立反霸凌的標準處理流程，讓各級學校有法可循（政府的策略）。

□建立結合司法、教育、社政、新聞、青少年輔導的跨部門組織（政府的策略）。

⑶在霸凌的第三級預防「處置與彌補」應該做到：

□學校有針對老師再教育，了解並進行處理霸凌的機制，在班級上做相關約束，並針對當事者作輔導。

□家長有先傾聽孩子訴說，了解問題始末。

□家長有向學校說明並要求校方處理。

□學校與家長共同合作，討論處理細節。

走出霸凌：
從創傷到復原

第8章

找出人格的優勢

就現代身心醫學的看法，當壓力事件發生後，如果在一段時間內沒有辦法好好處理時就會影響身心健康，壓力於是慢慢成為一種蔓延全身的病，干擾、甚至阻礙我們的生活。

年少時遭遇過霸凌卻沒有辦法處理的成人，回想起當年的事情時依舊充滿憤怒情緒，是因為以前學校並不討論霸凌這回事，以前根本沒有霸凌這個名詞，默默承擔好多年後才恍然大悟，也許自己可以走得出傷痛，也許還在努力的過程。

本篇的目標是要縮短療傷的時間，分享許多研究證明較有效的創傷因應方式。

一條漫漫長路

前面曾提到遭遇霸凌時會有的身心反應、情緒障礙，甚至是精神病理結果，這樣的身心反應會伴隨一個人多久，端視個人人格中可以克服的有利條件是什麼。

有個高中女生在門診中跟我分享國中時受凌的經驗，霸凌者是一位同班女生，是班上的意見領袖，原本算是好朋友，不知何故結下樑子，再加上學業競爭，霸凌就開始了。大致上她有三種遭遇，第一種是網路霸凌：聯合他人灌爆她的部落格，淨是些不堪的辱罵字句，反正匿名不用負責；第二種是借刀殺人：霸凌者仗勢自己是意見領袖，所以指使班上男生對自己不友善，包括威脅她「別想活著畢業」；第三種是借刀殺人進階版：霸凌者偷偷打電話給個案的媽媽，講了什麼個案不得而知，她只知道放學回家之後就被媽媽罵個臭頭，即使她極力解釋自己所受的遭遇，也被媽媽責備：「你一定是做了什麼，才讓同學那樣對你，是你不對還敢說別人！」這招使她百口莫辯，也再次體會到跟大人講是沒有什麼幫助的。

她媽媽的反應是許多大人都會有的，不是以「這是小孩成長必須學習的部分」合理化霸凌經驗，就是真的不知道霸凌行為對孩子有多嚴重的影響。

自我要求高、不服輸的性格，即使被威脅「別想活著畢業」，也想知道接下來會不會更糟，背後還有一個信念是「你愈是這樣對我，我愈是要考得比你好」。她雖然仍舊沮喪：「如果我死了就算了，世界上少我一個又不會怎樣」；另一方面則是：「現在我活著的唯一目標就是要考得好」。即使她沒能考上理想的第一志願，但也考得前三志願，算是壓力下因應得相當好的例子。

既然調適得那麼好，為什麼會來求診？原因是升上高中後班上有個強勢又有心機的女同學，讓過去的陰影又襲上心頭，雖然還沒有過真正衝突，但她升上高中後不能接受自己成績無法突破，產生「功課變不好應該沒人想和我做朋友吧」的負面想法，強化她如影隨形的威脅感。

培養「後天的樂觀性」

走出霸凌是個漫長的過程，這是一條你得隨時療傷，隨時有自覺，讓自己逐漸變得更成熟的漫漫長路。

每個人的創傷獨一無二，所以療傷沒有標準答案，但總有一些公認好用的方式可以幫助自己。你可以選擇繼續舔舐傷口，也可以選擇做點什麼來改變。

對因應問題我們最常提到的字眼莫過於「正向思考」與「樂觀」，有人很不以為然的反問我「負面思考有錯嗎？」凡事都往好處想太過天真，沒有顧慮到危機失去應變能力，或者「我就不是一個樂觀的人，如何能變樂觀？」

我同意「正向思考」這說法並不適用於所有人，關於樂觀與悲觀這回事也沒有價值上的高低，只代表看事情的態度不同而已，不管樂觀悲觀，只要干擾到自己的正常生活、讓自己不快樂，都是需要調整的狀況。一個過度樂觀的人有可能忽略事情的難度而無法應付，進而產生情緒問題；一個過度悲觀的人則有可能在事情還沒有發生之前就先唱衰自己而已經輸了，或者對事情的發生不斷給予負面的預言，果真朝向預言的結果。由此看來，悲觀的人在創傷的因應上吃虧一些。

賓州大學的心理學家馬汀・塞利格曼（Martin Seligman）研究成年後的無力感，從動物實驗中發現，如果狗無法逃避被電擊，就會放棄逃跑並被動的等待痛苦，即使後來有機會逃亦不逃，這就是「習得的無助」。

他從這個實驗中推論，人的無助感是怎樣學到的？怎樣的人比較不會有無助感？這歸咎於我們如何歸因的歷程，意即我們腦袋中怎麼解釋所發生的事件。這取決於以下三個思考方向：

▼是內在還是外在導致的結果：霸凌事件是自己造成的結果（我不該惹他的）還是外在他人的成分（自己倒楣遇到小霸王）多一些？

▼這個事件是穩定持續的還是不穩定的：霸凌事件是會延續到生活的其他時候，還是只是求學某階段的灰暗時刻？

▼這個事件是全面的還是特定的：霸凌事件是會對自己造成全面性如世界末日的影響，還是只有特定的部分影響？

研究發現，對挫折事件、壞消息會從「外在的」「不穩定的」「特定的」角度思考的人比較健康，也就是解釋成：「以前的霸凌事件不是我該負的責任，那是他的問題，只是我倒楣遇到，現在我長大了，他不會再影響我的生活」，這樣的人能夠走出霸凌的機會高，用思考歷程幫助自己度過傷痛，就是後天的樂觀性。

從這裡可知心理健康與不健康的人，在歸因的想法中就有所不同，心理健康的人在回顧以往的霸凌事件時會認為「問題多不在自己」，心理不健康的人則解釋內化成「問題是出在自己身上」，這與我們理解的悲觀不同，意義上比較接近「自覺該不該負責」及擁有「掌控感」有關，如果對過去無法控制的事認為自己沒有足夠能力、也不該自責，自己是需要情緒支持與被幫助的，對現在與未來可控制的事則勇於面對，那麼過去的受凌者就不會成為永遠的受害者。

史丹佛大學一項研究有類似結果，有位醫生為乳癌患者建立互助性治療環境，明顯延長了病患的壽命。他鼓勵病患往好處想、同時也做最壞的打算，也就是說，讓病患對疾病的未來發展有所掌控會增加她的鬥志，但如果讓她認為要對自己生病的原因負責時只會更沮喪，不利於治療。這項結果的另一個重要收穫是，逝者已矣，來者可追，已經發生的創傷與其去探究自己有多少錯，不如把重心放在可以冀望的未來。

這下身為病友的我可要說一說自己的感覺了。當自己因生病而開始注意乳癌病患——正如我寫霸凌開始特別注意霸凌個案——時，我發現有些病患會反覆思考「為什麼是我？」「為什麼生這個病？」好像想找出彷彿是自己犯的「錯」，但生病要如何找原因呢？重點是即使找到原因對自己有幫助嗎？如果找原因的過程不會讓自己好受，反而影響治療時，你還要不要去「找原因」？

就像我對失戀的個案所說的話：「你永遠也沒法知道對方想分手的真正原因。」有個經歷小孩意外被殺的母親說，「重點不在於找出答案找出兇手（兇手已經找不到），而是要在沒有答案中活下去」。過於回顧以往傷痛，只會讓傷口不斷滲血，有的創傷個案並不希望在治療室中重新回憶細節，不是為了逃避，而是想把更多力氣花在如何讓現在更好，規劃日後生活。

創傷及壓力的因應策略

首先要有這樣的信念：霸凌不能影響我們接下來的人生，霸凌這種事並不是無可救藥的，即使現在可能還沒有好方法，但相信總可以解決的。心存這個先決條件，接下來的各種做法才有參考價值。即使我們可能不具備「適應良好的人格」特質，但總可以學到一些成功因應挫折、壓力的方法；只要自己願意嘗試，這些方法都會達到程度不等的效果。

經常運動或活動並配合飲食

許多霸凌事件的孩子藉由運動因應壓力，長大之後依然有效。

我曾在前面提到《飛行少年》這部紀錄片，就是讓高危險、有輕微犯行的青少年騎單輪腳踏車環島，而設計這個運動型活動的好處之一就是發洩精力，也包括壓力的宣洩。

壓力會造成攻擊性，羅伯特・薩波斯基（Robert M. Sapolsky）在《為什麼斑馬不會得胃潰瘍》（*Why Zebras Don't Get Ulcers*，中譯本遠流出版）書中提到，受到挫折的老鼠或黑猩猩會轉而攻擊旁邊不相干、階級較低的同類；人類在這方面則更在行。所以壓力的宣洩不止對受凌者有效，對霸凌者的情緒調節更有效。

香港中文大學梁耀堅教授提出運動可以抵抗壓力、憂鬱的理由。壓力大時需要運動來鎮靜情緒，它的好處如下：

- 加速體內清除廢物。
- 加速運送能源及養分至體內細胞。
- 降低體內壓力賀爾蒙。
- 釋放有止痛作用的荷爾蒙腦內啡（endorphin）鎮靜情緒。

經常性運動可以降低血壓及心跳，這正是長期處在壓力下的人最需要的。可惜的是運動這回事和戒菸一樣：大家都覺得很重要，但都會找各種藉口逃避，例如我不會游泳，我的膝蓋不好沒辦法跑步（這個藉口聽了好多遍），或者更乾脆：我本來就沒有運動習慣。根本就不想運動的人絕對不會想到「並非跑步才算運動」，因為腦海裡該煩的事情太多，無暇思考如何讓自己活得更好。我遇到有個長期憂鬱、體重快破百的病患每天都在想自己怎麼還不死，運動這件事離他很遙遠，直到他因為想要完成先前肄業的學歷，才開始思考怎麼規律作息，維持體力，雖然可能還無法讓他積極到減肥的程度，總是個好的開始。

如何形成一種運動習慣？最重要的是「可行性」，要那位體重破百的病患去跑步是天方夜譚，但要他坐公車時提早一站下車走路回家，可能就會欣然接受。我有時會為動機不強的病患「故意」安排早上九點的治療時間：迫使他們非起床不可。

先讓運動成為一種可能，符合現實情況，才有辦法朝向「一天運動至少二十到三十分鐘，每分鐘心跳數達一三〇下以上」的理想狀況。

或者讓自己投注於某項平靜的活動，有病患告訴我，他會抄寫經書，有政治人物在回憶當年戒嚴時代被關在獄中數年時，會提到自己在獄中完成幾十萬字的小說或評論，或者專注於抄寫、編織、工筆畫等需要耗時的工作。這些不算運動的活動也很重要，它能幫助我們脫離痛苦的現實，找出另一種有成就感的方式。

在飲食上，梁耀堅教授提到藉由攝取兩大類物質可以改善大腦憂鬱的狀態，嚴重的憂鬱者大腦缺乏正腎上腺素、腎上腺素、多巴胺、血清素這幾種神經傳導物質，在選擇食物的同時，最好配合以下的飲食習慣，有些則是知識上的老生常談：

▼早餐攝取適量的蛋白質。

▼晚餐要適量的碳水化合物（可提高血清素，避免第二天早晨的抑鬱）。

▼易過敏或較神經質的人最好戒除咖啡因。

▼壓力大時每日要喝較多水。

提升免疫力的食物，根據營養師的建議包括鋅（肉類、肝、蛋、穀類、牛奶），鎂（堅果類、黃豆及一些海產食物），維生素A（深黃色水果、蔬菜如木瓜、胡蘿蔔），維生素B6（酵母、小麥、牛奶、綠色蔬菜），鐵（內臟類、肝、心、瘦肉、乾果、乾豆類）。

信仰力量大

一些研究指出有宗教信仰的人比無神論者健康，且不論宗教的內涵本身帶來的幫助，大部分都是歸功於宗教帶來的較健康的活動（如靜坐呼吸、慢運動或如神明遶境的健行活動）與互助性人際關係，提供人際資源，甚至可以幫我們解決部分困境

（例如經濟需求），加上大部分的宗教神祇形象是慈愛的，也鼓勵人為善，所以信仰本身對健康就有幫助。

目前我是個信仰不虔誠之徒，家裡拜拜拿香燒紙錢，小孩常生病就帶去行天宮收驚；信基督教的朋友找我去感受耶誕節氣氛，不知為何變成受洗儀式；因為喜歡土耳其的藍色清真寺而去了好幾次；也好奇一貫道的教義央求一個信徒朋友帶我去參加；從大學到研究所都唸天主教學校，連服務的醫院也是天主教，又自認與聖母有緣。我始終相信宗教的驚人力量，因為宗教總是試著給我們一個外在依靠、希望，教我們面對癌症、親人去世、天災人禍，那還有什麼是我們不能面對的？我們當然可以藉助宗教走出霸凌，至少祂不離不棄的陪伴在我們身邊，只要我們願意相信。

也有人像我一樣原本並沒有特別的宗教信仰，有個罹患癌症的個案告訴我，生病之後很多人都告訴她，她需要一種宗教，但她告訴我「我不知道要信什麼」，由於對生病後生活的意義有探究興趣，於是我們一起討論如何從心靈層面了解自己，我推薦她看有關存在主義的書，她則選擇信仰自己的心。

許多心理學專家都同意，雖然「人存在的意義」這個問題很抽象，但我們的快樂多半來自於活得有意義，在應付不同問題及許多挑戰上所獲得的正面感受，如果你可以戰勝以往創傷的影響，告訴自己雖然辛苦、但撐過來了，在未來你就會過得更好。美國有兩位醫師（John Battista & Richard Almond）在一九七三年擬了一份「生命指數量表」（Life Regard Test），就是以這樣的想法來測量人生意義，大致的方向是：

- 我覺得自己已經找到人生的重要意義。
- 我擁有一套人生哲學或價值可以讓我真正活著（活得更有意義）。
- 有些事值得我奉獻一生心力。
- 我有一些目標，如果達成會帶給我很大的滿足。

你也可以把部分的人生意義、沒有辦法掌控的事交給你的神、你的上帝，並相信祂給你的好答案，減輕你的痛苦。信仰讓人更謙卑、有尊嚴。

持續尋求人際關係與支持

有一種人格疾患的主要特色是不需要朋友，他幾乎沒有親密關係需求。但那種診斷就像拿到同一數字號碼的鈔票一樣少，那種人絕對不是你，絕大部分的人都需要程度不等的人際關係。

薩波斯基從一些前瞻性研究中發現，在年齡、性別及健康條件都相當的情況下，社交活動最少與最多的人相比，死亡機率多出一倍有餘，人際關係對壽命的影響不亞於抽菸、肥胖以及體能活動等。他也提到人際支持對壓力紓解的效果，有幾個類似研究的結果表示，若讓受試者面臨某些壓力如進行心算、公開演講，或是找兩個陌生人來吵架……旁邊有支持的朋友比沒有朋友的那一組心血管壓力反應較少，就算是短暫的支持也有保護作用，有人在旁勝過沒有人。

有個病患斬釘截鐵的說，他喜歡獨處，不喜歡人際關係，但他的強迫症一直沒辦法痊癒。他不排斥偶而與同事聚餐，但不能連續兩天；他不願意讓別人進入他的生活，出國旅遊、運動、看電影都要一個人，我認為他的症狀和他過去的挫折，過於自卑、自貶、不如人的感受有關係，導致在一些生活細節上展現過度的控制感，包括不能數錯沿路經過的公車數目。

雖然霸凌的後遺症不一定會造成人際障礙，但人際活動多、支持系統強卻可以讓我們遠離問題。一個多年來遭受嘲笑、捉弄等言語霸凌的國三女生問我，如果唸高中後還遇到以前的同學該怎麼辦？那個同學會馬上把她過去的事蹟傳遍全校。我告訴她這個機率應該很低，但她不相信，暑假期間她的焦慮大於新鮮人的興奮心情，我只好陪她度過那個暑假，並試著讓她了解，以前的那些同學再也無法傷害她。

後來住北市的她選擇唸基隆的高中，校車單趟就要一小時，但在這所學校裡沒有半個舊同學，沒多久她就如魚得水，快樂得不得了，所有的人際經驗都是新的，都能夠重新開始。

其他人際脈絡如師長、宗教團體、社福機構、甚至固定搭某捷運路線的點頭之交久而久之成為可以聊天的朋友，都是在某個小圈圈中受傷之餘、在另一群朋友中得到慰藉。有個女生告訴我：「在學校是地獄、在家只比地獄好一點，只有在青少年團契中才是天堂。」她每週都渴望去教會參加活動，讀經、分組分享、唱詩歌等，雖然一次只有短短一兩小時，也足以支撐她度過難熬的時刻。

在人際關係中療癒霸凌的傷口，可以讓我們不至於對人失去信心，增加對人認知上的彈性：這個世界上有許多種人，我們被人所傷，了解有些人是不可接近碰觸的；又受人溫暖，了解有些人是可以信任的。有這樣的彈性，接著才能在這個現實環境中遊刃有餘。

接受心理治療

許多當事人在霸凌發生時都還是個孩子，甚至還沒有升國中，這麼脆弱、需要呵護的年紀常常無法自行痊癒。我遇過一個孩子有極嚴重的創傷反應，事發之後對人群產生類似精神症狀的警覺，她不敢亂碰東西留下指紋，因為「留下指紋警察就找得到我」。從原本活潑開朗的個性變成畏縮、不想被認識（「認識愈多人我就愈危險」），晚上必得要媽媽陪伴才能上床睡覺，平常絕不願意單獨一人。

在這種情況下，周遭的大人一定要做點什麼來協助孩子走出創傷，至少在她成年人格穩定之前，都要持續觀察、追蹤。讓我們再回顧第一篇〈認識霸凌〉中提到，霸凌的創傷除了各種生活層面的障礙，還可能會有精神病理的問題，這必須結合醫療的診斷，才能對孩子展開相關的治療。

上述這個女生即使已經很不對勁了，但她沒辦法覺察到自己的行為異常受到霸凌事件的影響有多大。她不想來醫院，與其面對自己的不對勁，她更想擺脫眾人的異樣眼光：「我又沒瘋，幹嘛看精神科？」對醫療系統的不了解需要父母、師長的細心解釋與說服，如果大人也順著她的意思，或者擔心被貼標籤、怕麻煩等種種理由，那麼日後潛藏的精神疾病就難以預料。當小孩重感冒時我們才不會管小孩是否反對：「我不要看醫生、不要打針啦！」硬是拖著他就醫，因為大人知道生病不能拖。心理問題不也該如此坦然面對處理嗎？我告訴這個女生，她是情緒生病了，接受治療的話就會好起來，來這裡的人很多都跟她一樣，並不是瘋子。她被動的接受我的提議，對先前抗拒的服藥治療也不再反對。

為了不讓她感到就醫的壓力，我與父母溝通，暫時以門診治療、追蹤為主，心理治療的部分則視孩子的症狀表現而定。由於她即將升國中，我建議父母可以先了解新學校的輔導系統，看看是否能就近給予幫助。

如果孩子抗拒學校的輔導系統，就會需要醫療體系的照顧。中型規模以上的區域醫院都會設有精神科，家長該帶小孩看的是精神科而非小兒科或家醫科，因為精神科處理的是各個年齡層精神問題與情緒困擾，霸凌問題的孩子需要更詳細的評估、處理問題，必要時得結合其他社區資源，例如是否通報、如何與學校溝通等。第一次求診時，通常精神科醫師會大略了解當事人的身心狀態，是否服藥，接著便視個案情況轉介心理師做心理評估與治療。

初次見面的評估大致擬定心理治療的方向與次數，但這會隨著對當事人與事件的了解而調整，有的個案本來充滿警覺、退縮，在積極的父母介入並與治療師討論如何處理問題，見了第二次面之後就有極大的進步，整個人情緒表達上輕鬆許多，也有了笑容；有些個案面臨的問題難度較高，尤其像第一篇所提的「隱性霸凌」，或是產生的身心症狀已符合某些情緒疾病，在治療上就可能延續數月、甚至數年。

對沒有踏入治療室經驗的人來說，治療似乎是很神祕的事：有躺椅，嚴肅的治療師，需要談論自己的夢境等。這些源自電影的情節不符合現在的治療現況：治療、晤談空間只是很普通的診間或會客室，你可以舒服的坐著不用躺下，你不必談論自己的夢境與自由聯想，現在心理治療的取向琳瑯滿目，你可以像進賣場一樣選擇適合自己的醫師或治療師，不必取法保守的就醫態度從一而終，畢竟只有自己可以接受的氣氛，治療才會有效，不是嗎？

關於如何求助專業的精神醫療機構，就醫後的流程與醫療人員的專業分工，甚至健保是否分擔費用等問題，可以參考我的另一本書《找自己的心理醫生》（遠流出版），對精神醫療環境陌生的大多數人來說相當實用。

檢核表
CHECKPOINT

創傷及壓力的因應策略

除了改善人格特質，因應創傷及壓力的具體做法有：

- □經常運動：從適合日常生活的活動著手，例如搭車時提早幾站下車走路。
- □配合飲食：早餐攝取蛋白質，晚餐則要適量的碳水化合物。
- □擁有信仰：信仰本身的信念與相關活動對健康有幫助。
- □尋求人際關係與支持：有朋友在旁可以減輕壓力的心血管反應。

第9章 從創傷到復原

霸凌議題走筆至此，開始進入一個無盡漫長的療傷止痛階段，這絕非幾個步驟、幾個方法就可以達到目的。過去經驗中任何關於所謂的暴力、虐待、貶抑或嘲笑，都會對自己帶來長遠的負面影響，需要讓自己重新站起來，才有辦法活得更好更健康。

慶幸的是，約有八〇%的受虐或暴力受害者在成年以後都能有正常的生活，也許花個數月、數年，但終究是走過來了。每個人都有獨特的復原方式，以下的內容與其說是建議，不如說是許多過來人經驗的統整。

受凌者的療傷

受凌者的創傷來源不一，有的是單一強烈的事件，有的是連續多次的凌辱，更有甚者是跟性有關的霸凌（例如近幾年媒體披露的性凌虐並將過程po上網），這些創傷所產生的無力感、悲傷、憂鬱、絕望，在往後的日子中繼續啃食自己。

如果能面對痛苦的根源，就有機會找回自己的力量。《受虐的男孩，受傷的男人》（*If the Man You Love Was Abused*，中譯本張老師文化出版）作者瑪莉・布朗及瑪琳・布朗（Marie H. Browne & Marlene M. Browne）關心的不只是兒時受虐女孩男孩，更關心包含霸凌兒童的種種虐待經驗，她們引用二〇〇五年美國疾病管制中心的「不良童年經驗研究」顯示，女孩受虐的比例為二五％，男孩受虐比例為一六％，這個比例呼應到許多身心醫學及健康照護專家的經驗，許多求診的大人裡，兒時受虐是一項很重要的因素。

心理治療很重要的契機不在治療者而在當事人身上，願意面對自己的問題，並有動機做改變，才是痊癒的關鍵，故上述兩位作者認為，若有機會釋放痛苦，「受虐者將能了解，這麼多年來他一直背負的罪惡感、羞愧感和自我厭惡，其實都應該屬於加害者，而非他自己。這種如釋重負的經驗，即專業人員所說的『賦能』（empowerment）。」

這個經驗需依賴專業的心理實務工作者協助他釐清「現在的自己怎麼了，發生了什麼事」「這些事與過去有何關聯」，了解過去是造成現在自己不快樂的原因，才能走出不快樂。可惜的是有許多人難以踏入治療室接受協助，這樣的抗拒經驗我已經見過不下N次了，當事人有很多理由沒辦法面對陌生人談論這麼私密的問題——即使是對專業人員，但這並不代表沒有其他方法。對難以坦露的人，瑪莉・布朗等人引用一項研究發現：

以書寫揭露自己所經歷的創傷事件的「高度揭露者」，比起不寫下這類私密經驗的「低度揭露者」罹病率比較低，免疫系統比較好，整體的生理和情感狀態也比較健康。

這裡強調表達出來的好處，你可以選擇直接的表達如寫出來，也可以選擇含蓄的表達如畫出來、用藝術作品表現等。網路對我們的幫助是，它可以匿名表達，成立自己的部落格或網站，並吸引類似經驗的網友互相分享、支持，當你發現自己不孤單，同病相憐的人太多了，也許會找到新的力量，縮短不少復原的時間。

我們可以用自己的方式處理傷痛，外在的行動如找人坦露發洩，或者內在的處理如閱讀、書寫、尋求信仰，但是不管怎樣，都需要面對受傷後的一些共同反應並且處理它們（就像上述章節中所提到的各種被霸凌的實例與反應）。良好的調適過程都會有以下的共同經驗：

第一，了解自己的限制。受凌者的無力感都是因為自己不能做什麼，或不管做什麼結果都是一樣的，於是帶著這樣的挫折長大。但長大後的你應該開始了解，當年的自己沒有太多選擇，其實就算時光倒轉也難逃相同困境，但這並不影響觀看自己的價值，你可以繼續覺得自己很可憐，也可以選擇下定決心生存下去。

其次，主動的尋求協助避免創傷擴大。這與改變動機有關，願意主動做點什麼的人較能從傷害中走出，即使並不直接處理創傷本身。例如前述章節曾提到的受凌例子，被欺負，所以更加用功，我們可以視為轉移注意力的方式，也可以視為發現自己能量的方式；雖然功課變好與不被霸凌是兩回事，但只要自己主動做點什麼來增加能量，霸凌對自己日後的殺傷力也就變小了。

再者，不放棄人際關係。小時候雖因霸凌被人際關係所傷，長大之後並不害怕經營其他的人際關係，因為正向的受凌者知道其中的不同，同時亦知道自己需要人際關係，不想因為過去的傷害而逃避面對，卻失去了更多，畢竟朋友是非常重要的。被好友所傷，後來還是能夠找到新的好友，表示自己有勇氣與有能力了解朋友的價值。

本書書末有小故事可以給你一些靈感，雖然霸凌情況或許不盡相同，希望當事人堅強的內在力量與分享，也能喚起你某些能量。

受凌者父母的療傷

有時受凌者父母的傷痛，經歷得比當事人更長久，因為其角色帶來的內疚與罪惡感，以及對所受到的傷害感同身受，甚至感受得太深刻了。

作家廖玉蕙在《如果記憶像風》書中同名的篇章裡，即述說一個受凌者媽媽的心路歷程，即使事發已經一年後，她仍舊持續與她的女兒療傷中，而女兒幽幽說出「如果記憶像風就好了」，更是身為母親心中的痛：

我們的一念之仁是如何虧待了善良的女兒，那樣的暴行對她造成的傷害遠遠超過我們的想像。而那些施暴孩子的行徑，著實用「可恨」或「可惡」來形容，我必須慚愧的承認，如果我早知道那些孩子如此殘忍地對待我女兒，我是絕對不會那樣委曲求全地去和行凶者打交道的，我也深信，沒有任何一個母親會加以容忍的，我是多麼對不起女兒啊！

父母有很多的理由可以自責：一開始了解、處理問題時擔心被學校認為「反應過度」，缺乏經驗不知道如何處理；擔心其實是自己小孩的問題，怕被貼上標籤，說是小孩人際關係有問題所以寧願保持沉默；害怕面對衝突、批評，更擔心的其實是自己的教養態度有問題等等。

迷思一：我是個失敗的家長。

有時家長會把自己處理人際關係的態度轉移到孩子身上，忘了現在處理的是孩子的問題。例如做人不要強出頭，小孩要聽老師的話（把職場經驗的那一套用在小孩身上），或者以和為貴，聽老師的話，不要和同學吵架，忘了這連自己都辦不到。

家長也經常把自己的想法、情緒「投射」在孩子身上，投射的內容可以有很多，包括自己無法接受的、做不到的部分。精神分析認為這是潛意識的歷程，你也許曉得也許不曉得自己這樣想，孩子是自己的理想投射，孩子只能過得比自己好、不能比自己差。

如果是這樣想，那孩子一定和你想的不一樣，而且常常會讓你失望，進而覺得自己是個失敗的家長。

迷思二：成人世界就是這樣。

如果父母自己有過被欺負的經驗，就會透過自己的眼睛來看孩子的受害經驗，然後建議孩子被欺負時就應該反擊，因為這正是當年自己最想做的：揍扁對方，給對方一點顏色，讓對方不能再欺負自己與其他人，你會誤以為孩子與現在的自己一樣有控制權。

「我不能跳下去救他，他要自己解決自己的問題」，再加上上述的迷思一，你誤以為孩子比你堅強許多，忘了他只是個孩子，而孩子不需要提早體驗「成人的世界」啊。

瑞秋・西蒙提到一個有趣的比喻，坐飛機時機上安全說明都會這樣說，當艙內失壓時，請先自己戴上氧氣面罩、再幫孩子戴上。照顧好孩子之前先顧好自己，如果家長自己拿出具體的行動，讓自己變得更堅強時，你也會有個堅強的孩子。

以上兩種迷思都有賴於身心成熟、健康的家長，在不斷自我覺察的過程中處理自己的情緒化，或者省思自己的價值觀。許多父母承受著不同的情緒：原生家庭的糾紛，經濟現實與失業的危機，或者職場上的壓力，這些東西不是處理霸凌失敗的元凶，卻會干擾我們好好理解孩子的機會，當自己察覺自己的狀態，面對自己的感覺時，才能面對霸凌後有些事情並非「掌控失敗」的結果，這件事與生命中其他重要挫折一樣，都會有憤怒、悲傷、無力感、恐懼等情緒，負面情緒是正常的，承認這些情緒，才不至於防衛到需要用上述所提的迷思掩蓋真正的感受。

另外，很久不當小孩的我們，要如何接近他們才不會讓他們有機會說「你根本不了解我」這樣的話？我的經驗是，不懂就不懂，不能裝懂，不懂原來是孩子的好朋友為什麼要欺負她，不能先入為主的說：「她應該不是故意的吧。」因為這聽起來像是否定孩子的感受，不如直接問「到底怎麼回事」來得清楚。

當三、四歲的小孩把塗鴉作品拿給你看時，你明明不知道他的鬼畫符依舊亂猜亂讚美：「啊，你畫的小狗好漂亮！」說不定他會很生氣的說：「這才不是小狗，這是小白兔！」已經學聰明的我會說：「哇，你告訴我這個很特別的東西是什麼？」放下大人的自以為是，才能接受「為什麼小孩跟我抱怨那個小霸王，沒多久又可以跟對方玩在一起」的奇特情況，理解「小孩很渴望朋友認同」，走出不開心陰霾的速度也許比父母還快。

霸凌者的療傷

如果霸凌者在事件發生後願意自我覺察，發現自己行為上的錯誤，那麼會產生如旁觀者或間接參與者相同的罪惡感受。有自省能力的霸凌者長大之後絕對不會重蹈覆轍，因為他還有道德良知，還不夠狠，還有難過和慚愧的情緒。

我不知道這樣有良心的霸凌者有多少，或者是到底有多少缺乏良知的小霸王後來進了監獄，沒有關於這麼長期追蹤的相關研究可供參考。我相信想療傷的霸凌者當年的霸凌行為多半出自「無知」，或者有情緒上的困擾，隨著年齡心智愈加成熟，就會漸漸悟出以前的自己是多麼不堪。

有個欺負過女生的個案，長大後極度害怕自己犯同樣的錯，他告訴我常常不自覺的回想以前自己惡劣的樣子，這種近乎強迫式的回憶讓他變成過度道德感與潔癖的人，他不想跟人有性關係，因為那很「髒」，寧可看A片自己解決。

有的霸凌者一生缺乏自省，有的又顯得自省過頭了。若要進行和受凌者一樣的療傷歷程時，需要朝這幾個議題思考：

第一是如何控制情緒與衝動。霸凌者因為學不會或不知道如何控制，所以無法忍受他人的挑釁，一被挑起情緒就加倍反擊，結果原來嘲笑自己的人變成自己拳頭下的受害者；或者看到別人的東西引發自己的欲望，沒有學會對自己欲望的控制與對他人的尊重，就天真的據為己有，以為「一起共用沒關係」「反正你又不缺錢」；又或者發現掌控局勢之後大家都會聽自己的，於是習慣使用拳頭發號施令。

以往無法健康的表達情緒，無法不用拳頭以外的方式來解決問題，就表示自己需要更正視自己的情緒，學習用沒有破壞力的方式放鬆或發洩出來。有覺察能力的霸凌者漸漸可以了解，如果可以讓自己投注在某種嗜好或興趣上，或者上述所提關於運動的幫助，有些憤怒其實能夠消散。在治療遇到衝動控制較困難的個案時，通常我會問其生活習慣等看似與治療問題無關的細節，其實心中開始打量適合當事人的情緒抒發方式是什麼。有的人告訴我以前很喜歡釣魚，或者開車上山去吹吹風，甚至想學瑜伽、打坐，都是很好的放鬆與沉澱的方式。

藉由外在肢體與呼吸的放鬆，才有機會開始靜下來省思：當覺得自己有想怎樣就怎樣的任性，大家會讓著自己但並非尊敬自己時，就是改變的開始；學會退讓或等待時則會發現自己獲得的更多。

第二是學習增加自我了解與肯定。過去的你自尊太脆弱，甚至太過自卑，以至於只要認為他人侵犯到自己、看不起自己，就像刺蝟一樣武裝起來，矛盾的是太擔心受傷，反而傷到了別人。

正視自己的需求與了解自己的價值，你就不需要靠他人來證明自己的能力，相對的也不必用吼叫、欺壓、暴力讓他人聽見自己的聲音。試著傾聽並理解：你接納自己的一切包括好與壞嗎？不讓自己一味的膨脹自己的能力，也不至於充滿內在負面批評的聲音，你才是一個能夠公平看待自己的人，並知道隨時有進步的空間。

第三是增加同理心。過去的你太過自我中心，要他人配合自己的需要，所以讓自己成為別人眼中的霸凌者。有些霸凌者不見得體會到自己傷害了他人，而是納悶為何身邊的人都要離他遠遠的；看不見他人也有屬於自己的需求，例如不了解自己的黃色笑話其實沒那麼好笑，而且已經讓女性朋友產生厭惡，還怪她們小心眼。

不當白目的人、不再那麼自大、重新理解他人感受的好處是，他人與自己的距離很自然的愈來愈近，雖然可能發現自己其實也很平凡脆弱，也有愚蠢的時候。重新被人接納的美好感覺會高於這種脆弱，而且是真誠的，不是懾於你的淫威。當知道自己以前所說的黃色笑話、掀女同學的裙子、彈內衣肩帶是如何不適切地引起女生的反感時，同時便學會了體貼女性的關心方式，例如更謹慎談論關於性與身材的話題，對女生所表達的隱微訊息更敏感，這些覺察對於自己的好處是：更有機會建立一份健康的親密關係。

旁觀者與間接參與者的療傷

根據兒福聯盟的研究，校園霸凌發生時有六七%的孩子知情，大部分的孩子會選擇向大人求助，但仍有一成五的孩子選擇「假裝沒看到」，理由如：「不干我的事不想管」「怕惹禍上身」，也有人態度與霸凌者一致：「被欺負的人活該」，甚至自己也排擠過那個人。

這些知情的孩子在霸凌事件過後，難道就真的船過水無痕嗎？不管是當事人還是旁觀者，當事情發生當下與之後都會有以下的心情：生氣、難過、無奈、很沒面子、痛苦等。知情的旁觀者或間接參與者又有六成以上曾經被欺負過，所以當事件重演一遍、主角換人時，他們的心情又再次受傷。

姑且不論角色可能重疊（霸凌者過去是受凌者，旁觀者也是受凌者等）的情況，單就旁觀者立場來說，數年過後最難克服的情緒應該是罪惡感，知道自己可以做些什麼卻什麼都沒做，影響的層面包括：

▼對自己的能力質疑，懷疑自己的價值：這可能朝向兩個病態方向發展，第一是壓抑自己變成溫順、凡事配合、不惹麻煩的性格；第二是成為自卑、自責、沒有安全感的灰色性格。

▼可能學習到霸凌者的部分態度：也許用權勢可以留住一個人，愛他就有權力打他。

▼可能產生類似受害者創傷後壓力症候群的反應：反覆回憶、出現受害的畫面，焦躁易怒等。

最嚴重的是會發展出許多儀式行為的症狀，用病態的方式證明自己是有能力掌控的。例如為了彌補當年的什麼都沒做，於是對自己過度要求，在某項能力上給予自己過高的期待與道德標準。有個個案會在夜深人靜時不斷回想與人互動的每句話，檢視自己有沒有說錯話，說錯了哪句話，某個人的某種反應是不是因為自己說了什麼話……，想當然他會有睡眠困擾，永遠對自己不滿意，認為自己活著沒價值。

這樣的無力感與罪惡感沉積多年後需要更多時間走出，在我看來治療難度不亞於受害者本人。畢竟受凌者受到的是有形的傷害，面對傷害就可走出傷痛，但旁觀者遭受的卻是無形的譴責，不是自己所受的傷卻更痛，這個陰影會伴隨自己更長的時間。針對上述旁觀者可能會產生的長期影響，以下有幾個建議方向是目前心理治療較常做的：

- 行動上，鼓勵當事人以其他正向的方式完成自己的贖罪，例如將罪惡感昇華到更有意義的行為，擔任義工，從事社區環保、慈善、保護兒童（最直接面對過去的問題）、愛護動物等活動，藉由幫助他人來完成自己，雖然一方面仍羞於面對灰暗的自己，但另一方面則肯定自己也是良善、有能力的。

▼想法上，如何去除自責是重要的課題，這也許需要專業的治療或諮商的帶領，讓自己領悟到當年其實沒有太多選擇，更別說一個孩子能改變什麼了。把過去的自己與現在的自己做個切割，你就能為現在的你做點什麼。

▼情緒上，該如何釋放自己的情緒，讓自己不用累積痛苦。宣洩的方式很多，尤其現在可藉助許多媒介如書寫、網路分享等，最重要的是不要在角落舔舐傷口，獨自飲泣。

當我們經歷一些外人看來是重大的事，自己卻覺得沒什麼，習慣了，正表示我們朝向不健康的想法，習慣得非常不健康，心靈已經麻木閉塞，所以看不見自己的未來。也許走出霸凌需要一段時間，傷口才會漸漸癒合，但是當了解霸凌事件雖然影響了自己，卻可以改變這樣的影響，自己有能力決定日後的樣子，希望所有受過傷的「孩子」，最後都能得到心靈的平靜。

檢核表
CHECKPOINT

療傷的著眼點

(1) 受凌者如何療傷？

□願意面對曾經發生的事，並重新整理現在的自己。
□願意用更積極的方式幫助自己，如接受晤談或其他療癒方式。
□傾聽其他受凌者經驗，了解自己並不孤單。

(2) 受凌者父母如何療傷？

□避免陷入「失敗家長」的陷阱，了解霸凌問題須結合校方共同解決。
□了解霸凌並非一定是孩子或自己的錯，避免自責影響問題解決。
□先顧好自己的情緒，霸凌與其他壓力一樣都會有受挫的情緒。
□了解霸凌對自己的傷痛有多少是基於霸凌事件本身，避免自己陷入過去的生活經驗中。

(3) 霸凌者如何療傷？

□了解過去自己的行為有多少出自於無知，並了解現在的自己可以改變的部分。
□了解暴力帶來的壞處，學習控制情緒與衝動。
□重新理解他人的感受，跳脫自我中心思考，增加同理心。

(4) 旁觀者與間接參與者如何療傷？

□行動上：以有建設性或正向的方式如參與志工，肯定自己也是有能力改變的。
□想法上：以去除罪惡感為主，了解過去的你無法有其他選擇，現在的你是有能力選擇的。
□情緒上：以釋放情緒為主，不累積自己的痛苦。

第10章 我如何走出霸凌

說了那麼多的理論知識數據，不如真實的觀看受凌者和霸凌者的心路歷程。

受凌者說故事：我過得比你好

知道我正在撰寫有關霸凌的書時，一位朋友自願提供自己的故事。這是一個受傷男孩如何變成成熟男人的故事，雖然認識好多年了，卻第一次從他口裡聽到這些塵封往事，我很替他這一路走來的跌跌撞撞心疼，更為他終於走出陰霾而欣慰。

我的人生前半段就是受凌的人生，事實上我懷疑還有誰比我更適合說這些話？我的現身說法是想跟更多受凌者分享，不要被霸凌打敗，更要打敗霸凌。而最好的方法就是——過得比他好。

小時候的我很瘦小，升上國中時都坐第一排，大概只有一百五十幾公分吧，這也是標準的會被霸凌者盯上的對象。國一下學期時按成績分班，我是一年一班，當然就是功課最好的班，我功課很好，從國一下就當學藝股長到畢業。

雖然這是個理當很優秀的班，奇怪的是還是有那麼三、四個霸凌者，專門欺負跟我一樣小個子的男生，我記得那幾個人欺負的除了我，還有一個人長得很娘，另一個功課也很好。那個長得娘的受凌者得到的通常是言語的羞辱（也許背後有更慘的是我不知道的），我的遭遇則是什麼都來。奇怪的是，我們這幾個小個子並沒有聯合起來做些什麼反抗，這也許就是受害者的悲哀，久了就不知道什麼叫反擊。

因為學藝股長負責每天收全班的作業本，接著必須把收到的本子抱到老師的辦公室去，在班級的走道上那些人就開始整我。把作業搶過來從班上所在的三樓丟到一樓，作業本到處散落後他們一哄而散，我就默默地走到一樓操場，一本一本的再撿回來，第一次撿的時候邊撿邊哭，後來就是心裡難過但不哭了。

那時沒有人會來幫我撿，不知怎地老師也沒有幫忙沒有處理，我慢慢的習慣這角色，習慣什麼都吞下去。這跟我當時的狀況有關，我那時有父親家暴的問題，家裡又常有債主上門，當在學校又遇到霸凌時，我的想法是「這跟我家沒兩樣」「跟家裡說也沒有用」，因為我自己的家都一團亂了，哪有多餘的心情再沮喪，應該是已經最谷底不能再更沮喪了。

我漸漸地習慣這樣的角色，習慣吞下去，默默讓它過去，不過麻木不是最好的方法，讓自己恢復感覺的方式就是遇到更糟的霸凌。

那些霸凌的同學中有個長得很壯，國中就留鬍渣，很流氓樣，另外一個看起來不像霸凌，高高的很斯文，長得不像壞人，像國中生版的嚴凱泰，但欺負我的手段最壞，這個待會再詳述。

可能是丟本子的花招玩膩了，沒多久他們改玩別的。那時國中男生正處於第二性徵的發展，男生之間最常開的玩笑莫過於「長毛了沒？」「誰的比較大」這種性玩笑。他們開始在我上小號的時候趁我不注意，從背後突然一把將我的褲字拉下來，我只能眼睜睜看著褲子掉到地上，濕了，髒了，有時不小心還被自己的尿噴濕褲子，然後聽到他們說：「你看，你看，他沒有毛耶！」

我家就在學校對面，但我也沒有回家換褲子，就在洗手槽自己默默清洗，然後等褲子乾。後來連這個也玩膩了，有時會在我上大號時從隔壁間丟來一桶垃圾，裡面當然都是用過的衛生紙；有一次是一整桶水。這樣的情況大概一星期有兩三次。

除了因為自己家裡的情況心生自卑，沒辦法告訴老師的原因是怕被那些同學當成「捃耙子」（告密者），而功課好、「老師身邊的紅人」並沒有加分的效果，反而變成更被憎恨的對象。

雖然受凌，很奇怪這並沒有太影響到功課，我的成績一直很好，全校前幾名，我想是因為只有讓自己全心投入唸書才能讓我得到救贖，唸書是我那時僅有的力量，而我也從中找到暫時躲藏的角落。

沒有毛的恥笑持續發酵中。有一次下課時走在迴廊，那幾個人突然把我壓在地上，七手八腳的要脫我衣服。我像隻四角獸在地上遊走掙扎，可是沒有用，眼看身上衣服一件一件被剝光，然後他們把我抬起來，各抓著我一側的手腳，將我騰空晾在三樓走廊的短牆陽台外，面對著外面的操場以及所有環繞的教室大樓，就這樣「展示」般的把我甩來甩去搖晃，我尖叫著，耳朵同時聽到：「不要這樣，他會死掉！」「你看，他沒有毛！」兩種不一樣的聲音。

經過多久？我不記得了，反正後來我被拉回走廊，放在地上，我一件一件把衣服穿回去，還記得衣服上仍舊是濕濕的。

這是第一次我全身裸體在眾人面前，那種難堪會記得一輩子。沒長毛的陰影開始一直纏繞著我，寒暑假當童工時，有個工人調侃「你的毛有幾根？應該還沒有吧」的話我一直記得，我不斷檢查自己長毛沒，用鏡子偷偷照自己的下體，每天偷偷用生薑塗小腿（只因這是傳說的偏方）。

最嚴重的一次霸凌發生在國三。我們正在參加夜間的晚自習，老師通常不在，我們必須留下來到九點半甚至十點，所以每天需要帶兩個便當，晚上除了國三的一到四班有燈光，其餘的校園環境都是黑抹抹。

讀到一半，那個前面提到像國中生版嚴凱泰的男生突然走到我的位置，湊耳說：

「林大同你出來。」我害怕的問：「出去幹什麼？」

「不出來你試試看！」

「去哪裡？」我乖乖跟著出去。

「地下室。」

「去那做什麼？」

「我要看你的毛長出來了沒有？」

他熟門熟路的走到平時做為倉庫、很少學生會去的地下室，很髒積了很多灰塵，他不知怎麼會知道電燈開關在哪，開了燈，就拿出一把亮晃晃的傢伙：「你知道這是什麼嗎？扁鑽！」接著命令：「把衣服脫光！」

那刀真的結結實實抵在我身上，而且刀尖是刺在肉上，他說：「不聽我的話的話你知道扁鑽是怎麼用的嗎？你看，如果我這樣戳進去的話，會連腸子一起拉出來！」我真的相信他會這麼做。

（……他停頓了幾秒，我覺得不忍往下問，便說：「你還要繼續嗎？還能夠說嗎？」他說，沒關係，現在已經沒關係了。於是我讓他繼續。）

「要看我的嗎？」「不要！」

「幫我脫褲子！」刀子在我身上隨著姿勢游移，有時在背上有時在胸口，但每次接觸的力道都似乎可以直接刺下去。他要我幫他口交，時間很短大概一兩分鐘，「把褲子穿回去！不可以跟任何人說這件事。」我把衣服穿上時感覺到身上都是灰塵、沙子。

他叫我回教室，一個人仍留在地下室裡，不知道他自己又待了多久。我茫茫然一片黑暗，回到教室之後，你猜怎麼著？我坐下來，繼續唸書……。

過了一兩個禮拜之後，有一天晚自習他又重施故技在我耳邊悄聲：「林大同你出來！」這次我當然抵死不從，當著班上的面我死也不出去，他當時也沒說什麼，我想，死定了，過了今天自己肯定會怎麼樣。可是一天兩天過去了，他好像就放棄來找我，也沒再找我麻煩，我以為因拒絕會遭到的報復也沒有發生，好像我生命中最黑暗的時期已經過去了。接著我的高中生活像是為了補償我似的過得很快樂。當然依我的成績表現算是失常，我記得我把考上成功高中的成績單給我爸看時，他很不屑的直接扔在地上：「哼！又不是建中！」

這件事就徹底被我埋進了生活的洪流中，沒想再提起。

我考上大學，累積了許多知識與能力，同時感情上也風風雨雨，之前未痊癒的傷口回過頭來侵蝕我，我到了必須面對真實自己的時候。

當兵時我第一次做心理諮商，那時其實主要是想回顧家庭暴力對我的影響，很自然的帶出這段塵封已久的霸凌往事。我累積的情緒在那次全部爆發，那些我曾受過的傷與痛。

在這之前我不知道我的自卑感從何而來，我一直有不如別人、自己不像個完整男人的缺陷感。感謝當時輔導長官拉了我一把，讓我有機會去說，而「說」本身就有幫助。

當完兵之後出社會，我一直很努力在過每一天，我希望自己可以成為某專業領域的人士，我希望藉由專業幫助更多人，也許這是我對過去受傷的自己的一點補償：我想要更強壯，有機會幫助當年的我。

我已經知道自己不是怪胎，我的自卑感是有源頭的，我不再怪那些人。後來傷我最深的父親走了，那個常常酒後發瘋會拿刀威脅我媽、像打小狗一樣鞭打我的人，最後卻在我的照顧下離世。經過對家庭重塑的整理，我連與父親那段關係都可以走過來了，我想，國中這些事情我一定也走得過來。

我對自己的堅強感到驕傲，我大可以怨天尤人自怨自艾，畢竟我得到的愛那麼少，受到的傷又這麼多。不過那又怎樣？那些傷害我的人不會因為我的沉淪而有絲毫自省，沉淪只會讓我更看不起自己。

這些年我通過國家考試，拿到專業證照，擁有一份人人稱羨的工作，用我的法律專業幫助弱勢，我尤其注意霸凌案件，擔任基金會義務顧問，這讓我更有成就感。每年都有數不清的演講與課程，雖然我只有大學畢業，但許多需要碩士學歷的課程都會毫不猶豫的邀請我，我把每一天都當做最後一天過，都像是不小心撿到似的珍貴。我很開心自己竟然如此重要且被需要著，以前那些事情離我真的愈來愈遠了。

那些霸凌同學後來的動向我一直很關心，希望他們遭到某種報應之類的，而我想好好活著看到這報應。結果我的內心預言老天好像真的聽到了，有一天我在以前的國中附近巧遇某同學，閒聊了兩句後他告訴我：「欸，你猜當年那個專門欺負同學、很壯的××現在怎樣？聽說他因為結夥搶劫，被槍斃了。」

我聽到後只哦了一聲，好像這個答案早在我預期之中，我沒有特別高興，只覺得有件事情結束了。

至於那個斯文的國中版嚴凱泰，在我工作多年後有一天在捷運上看到，這麼多年了我仍舊可以一眼認出他，雖然很訝異但心中沒有激動，我已經對他沒有什麼特別的感覺、情緒了，此時的我已經強壯到可以重新正眼的好好看他。他看起來疲倦而平凡，一副上班族的模樣。不管他過得如何，我知道我現在過得很好，我是個專業的司法人員，有不錯的社會地位，受到許多人的敬重，那時浮現在我腦海裡的話是：「我長大了，我過得比你好。」

只不過，受凌的後遺症是，現在的我幾乎不照鏡子，出門絕不穿短褲，自己身體上是否有足夠的男人毛髮永遠是我最深沉的痛，夜深人靜時偶而會抽痛一下。

霸凌者說故事：我還不夠狠

我是個公立高中的高二學生，不過學校不怎麼樣，說好聽是「國立」，其實就是社區型高中而已，剛去補習班時那些女生本來還跟你有說有笑的，看到你的書包字樣就露出不屑的樣子，跟也是公立的建中態度就是不同。

對啦，我就是有點自卑，怕別人看不起我，所以才來做心理諮商，因為不想過得像國中一樣痛苦。

不要誤會，我是霸凌別人的人。本來我的功課都在前幾名、也當過班長，國一、國二都過得不錯，沒想到國三時我他×的莫名奇妙被劈腿，像電視演的一樣，女朋友居然和自己的好友在一起，那年我就常常借酒澆愁，抽菸也是小case。

我家很平常，父母感情還可以，就是老爸比較兇，不過我還算可以接受，他常罵人，自己開店工作壓力大吧，還算可以體諒他啦。我想是國三那一年拖垮我，害我高中也沒考好。

有一次放學我還不急著走，跟幾個同學在看台上抽菸，本來也沒什麼事，有人注意到教官過來，就說「ㄟ，教官來了耶」，我很生氣，老子我又沒有礙到你，就偏偏不走，他愈走愈近時我就愈瞪他，一副「你看三小？」的樣子，然後把菸甩在地上用力踩扁，教官沒說話搖搖頭，走了。

旁邊看的幾個同學都覺得我很有種，連教官都敢「青」，那種被同學覺得自己很敢、很強的感覺不錯，所以那時只要覺得同學很白目我就想扁，只要有人多看我一眼我就覺得他瞧不起我，要給他一點教訓。有個書呆子我看得很不爽，當時有幾個同學也想鬧他，有一次逮到機會幾個人把他堵住，從開始推他到開始「八」他，大家都揍，我不可能不揍，而且不能是最後一個出手，於是我打了第一拳。……打架這檔事，一個人不敢做，朋友一起就什麼都不怕了，而且很理直氣壯：他本來就欠揍，不然不會有那麼多人想揍他。

我還發現揍人可以抒發不爽的情緒，而且那幾個同學發現，我看起來不高大，黑黑瘦瘦的，但一出手力氣卻很大，都很佩服我。

除了有人白目欠揍之外，那時我不覺得我是欺負人，而是朋友有事，我一定「到相挺」。常常也不是我的事，我卻跑第一個，讓大家嚇一大跳，我要讓大家覺得我很重要，沒有我不行。也可以說我是靠打架在交朋友。當時不覺得有什麼不對勁，後來發現「別人有點防我」，雖然有人覺得我厲害，是狠角色，但班上同學，尤其是女同學慢慢都不跟我說話了。

我怕沒有人理我，所以只要聚會都想湊熱鬧，後來變成班上的人和我保持距離，可能是怕我兇起來的樣子，而漸漸和我走得近的都是做壞事的朋友，要做壞事都會找上我，真是想拒絕也不知怎麼拒絕掉。

記得有一次和一個不太熟的朋友在一起，他有另一個朋友來找他，說某人被欺負要找人「幫忙」，他就問我要不要幫。我當時一口氣就答應他，答應完了馬上後悔：我跟他又沒有多熟，可是已經答應的不能反悔，於是就說星期六約在台北車站，坐火車去瑞芳，然後再坐客運上山去一個什麼國中。

一路上我都想找機會閃，希望火車誤點、有人迷路、記錯時間什麼的，搖搖晃晃兩三個鐘頭，當初答應的那股熱血早就涼了，很怕這次去會出什麼大事，他們連傢伙都準備了。幸好到了那裡他們可能沒有「喬」好，沒找到該找的人，我就跟著眾人咒罵一頓後放心回家了。

只是麻煩事還沒結束，我既怕惹麻煩上身，擔心更多人不理我，又怕自己不答應什麼事在人際當中沒有立足之地。有一次班上那個最麻煩的同學（班上的人只有我肯理他）居然要在校園裡賣K他命給同學，他問我，欸，要不要讓同學吸褲子（拉

K）？真是愈來愈誇張了，我當然不幹，但嘴上不敢說，只好嘻皮笑臉的跟他說：「唷，搶地盤搶到我這裡來了。」暫時先擋掉，之後再看情況吧。

害怕沒有人理我也可能是我自找的，國中一、二年級時有個還不錯的朋友，國三時我不知什麼事情痛扁他一頓，可能是他太白目了，後來他就很怕我，不敢再找我講話。我這個樣子，朋友會想接近我才怪。

直到最近他又跑來找我，我很訝異，可能是我也變很多了他才敢來。我們又恢復以前可以一起聊天的樣子。但我們都很有默契，不敢提當年發生的事，我覺得再提的話也很丟臉。

也許我只是怕寂寞，不是真的想要狠，所以還不至於搞到身敗名裂的程度。

國中的班導在我還沒變壞時對我很好，當時我的成績並沒有很好，她卻極力推薦我當幹部，我那時好醜，臉上都是坑坑疤疤的青春痘，我到底好在哪裡？真不知道老師那時在想什麼？後來我感情受挫，心情壞得不得了，她放學後還特意留下來安慰我，直接叫我的小名，說她不會看走眼，認為我一定可以成大器，可惜那時我有聽沒有到。

到了國三我愈來愈頑劣，她就不理我了，我成績一落千丈，她發考卷給我也都不發一語，她放棄我了，說我不知悔改。都怪我自己。

等到要考試時我總算有點醒了，趕快拚死命考上這所學校，雖然依我原來的實力應該考得更好，不過已經夠讓以前的師長同學跌破眼鏡了，她一定以為我今天在一間爛私校。

上個禮拜她生日，本想幫她慶生給她surprise，讓她看看我現在的樣子，找了兩個國中同班現在也跟我同校的同學一起去看她，可惜她不在，倒是遇見教過我的其他老師，聊了一陣子，以前他們對我的印象也不好。看到他們訝異的樣子，好可惜喔，如果能讓她看看現在的我，她一定也很訝異，當年看起來遲早被抓去關的學生，後來竟然也能念所像樣的學校，而且功課還不錯。

可能我骨子裡沒有做壞事的基因吧，看起來壞，實際上叫我幹壞事我可是沒膽子做，這也是今天可以安全地坐在這裡說話的原因。

後記
新時代的青少年與校園霸凌

解決霸凌問題的基礎，當然要先從了解青少年著手，而這個議題既容易又困難：容易的是我們都年輕過，知道那是怎麼回事；難的是處於現在脈絡下的年輕人與過去年輕人有所不同，而他們很堅持這一點。

在門診與兒童、青少年晤談的經驗是，態度要不卑不亢，有些謙虛，不能明明不懂又裝懂，也不能不熟卻裝熟，但又需要顯示出一些專業的權威好讓他有安全感。最保險的方法是態度上把他當成大人，不懂的偶像團體就要請教他，叫不出的藝人就不要瞎猜，沒看過某本暢銷漫畫就要承認，省得關係還沒建立起來孩子已經懶得開口了。最近更發現，如果他們看到我戴上和他一樣的牙齒矯正器，晤談似乎就更容易了。

現在的孩子與二、三十年前相比，同儕意見的分量更加重，雖不一定是排拒與父母的相處，但傾向於接受同儕的價值觀，在還沒完全擁有自己的能力之前已經相當有自己的意見了。美國有本暢銷書的書名《滾出我的生活，但是能不能先開車送我和雪兒去大賣場？》（*Get Out of My Life-But First Could You Drive Me and Cheryl to the Mall?*）就充分反映出這種渴望獨立的矛盾想法。

《棉花糖女孩》作者薩克斯研究青少年文化，發現科技帶來的種種問題，除了使自我認同變得更困難，還包括與人相處也問題重重。他引述一份報告顯示美國青少年每日平均傳超過七十則簡訊（有的研究數據甚至每日上百封），在許多人觀看的連線世界裡，動不動就有人呼喚一個未成年的孩子，告訴他任何資訊，他當然很難靜下來思考自己想成為怎樣的人，或者自己的歸屬感、該追求些什麼；這些原來不容易面對的青少年議題可能在伴隨他多年後，讓他成為一個「年紀大的青少年」。

我發現門診中的年輕人比以前的年輕人更晚熟，他當然是很有想法的，只是還沒準備好面對真實世界。當個案很自然的說，他在「愛情公寓」裡和誰結了婚、同時又和誰交往時，我不禁擔心，他到底能不能分辨真實與虛擬的不同。

以前沒有霸凌這個字眼並不代表沒有霸凌，只是現在我們面對霸凌事件時自己的承受度、對挫折的因應技巧、生活型態等等，比起以前有更多的干擾，複雜度亦高，所以要試著解決問題時不得不同時考量其生活脈絡，而非一味的把自己經驗套用在青少年身上，也許試著花更多時間陪伴，靜下心來聽——別忘了我們大人不也常拿忙碌當藉口，忽略了最基本的情感連結方式？

所以重點在於聽，不在說，特別是在傾聽霸凌事件的過程中，我們知道的細節愈多，愈有把握處理好。

尋求同儕認同

在女兒念小三之後，我對女兒的同儕認同開始有明顯的感受，她最高紀錄一天之中跟我提到她最好朋友的名字超過十次，開場都是「那個Maggie說……」，有一次更是忘情的把我喚為Maggie，老娘不敵好友，同儕的魔力可見一斑。大約從國中開始，青少年瘋狂似的尋求同儕認同，再也不是跟在父母身後的小小紳士或甜蜜女孩，他們開始強烈主張自己的意見想法，並且覺得老爸老媽很煩，開始與同學聊很久的電話，安排好假日節目。（小二時的女兒已經開始嫌我很囉唆，常讓我檢討是自己真的囉唆，還是成為母親後造成的？）

朋友的影響力到底有多大？可以大到形成你的價值觀，甚至會排擠掉父母、老師的影響力。

> 現在隨便問一個小孩想不想受歡迎，他會說不想，但事實上如果他在沙漠中即將渴死，讓他選擇一杯水或立刻受歡迎，他很可能會選擇後者。你不能承認自己想要，因為這樣比較不酷。……我很好奇還有誰比追求受歡迎的小孩更努力，即使飛航管制員和美國總統都會休假，但看看一般高中學生，你會發現有人一天投入二十四小時，而且全年無休。（《事發的19分鐘》）

如果不能融入同儕，下場會是什麼？門診中有類似困擾的青少年嘴上說著不在意，其實不正是為了這個問題而來的？若是選擇遠離班上同學獨來獨往，通常是為了避免被傷害，而非真的想一個人。

當你不能融入時，就會變成超人。你可以感覺到每個人的目光都黏在你身上，像魔鬼沾一樣。你可以聽到一哩外有人小聲地在談論你。你可以看起來像是站在原地，其實卻已消失不見。你可以放聲尖叫，但沒有人會聽見。（《事發的19分鐘》）

霸凌有個重要的類型是關係霸凌，指的就是這樣密不可分的人際經驗所產生的傷害，所以你不能告訴他「沒有朋友，你還是可以做很多事啊」，沒有朋友，他什麼事都不想做！

身為大人的任務絕對無法搶走朋友的風采，把自己放在陪伴傾聽與原則性管教的位置上，為人父母就不會有太多的失落感。陪伴傾聽大家都懂，就是盡量閉上你的嘴巴，別讓他們害怕和你說話；原則性的管教是指發揮父母的功能給予子女相關的生活規範，子女清楚父母可忍受的底限，能遵守多少則視親子互動的品質，因為說再多也不一定聽得進去。

跌跌撞撞的過程

輔大的陳坤虎教授從自我發展的觀點切入，剖析校園的心理衛生現象時，認為青少年自我概念探索過程必然出現跌跌撞撞的情況，而這個不盡然順利的過程是必要且重要的。

青少年每個新的嘗試與探索都可視為新的「認同危機」，個體需在所處的生活環境中將真實的挑戰與困惑不斷落實對自己的意義，一點一點累積，才能逐漸感知到自身的完整，建立一種連續性與同一性，這樣的自我概念才能有助於個體未來的正向發展。（陳坤虎、雷庚玲、吳英璋研究，二〇〇五）

所謂「連續性」「同一性」指的是他是否可以在不同的時間、空間下，都能感受到自我概念（包括價值觀、信仰、能力等）的一致性，不因外界影響而有所漂移。我們能夠很確認、很了解自己是怎樣的一個人並接受這樣的自己嗎？在門診中看到的多是一群對自己不夠了解、正在尋求了解的「老青少年」，因為對自己的價值太不確定，又容易受別人影響，所以多是情緒起伏大、不快樂的。

我曾在門診遇到一位正在適應社會規則的年輕人，顯然他的青少年歷程仍在進行中，自我感的薄弱影響對人的觀感。這個研究生的困擾則是大學時被同學排擠，讓他大學時期人生過得很黑白，他不能容忍「為什麼有人明明做錯事還這麼囂張？」「我根本沒有錯卻落得沒有朋友的下場？」大學分配新生宿舍時他就對分配方式有意見，不能容忍某個白目的室友，導火線是對方私自把遊戲軟體灌到他的電腦，他簡直要抓狂了。

「我就是要他給我一個道歉！」並要掉換宿舍的室友，他很堅持，連班代都擺不平，他很生氣「班代居然站在他那邊」。系主任說同學之間的事情他不便介入，告訴父母的結果是脾氣比他還火爆的老媽一定要系主任處理，最後系主任勉為其難的處理宿舍分配的事，卻讓他變成同學眼中難搞的人物。

考上研究所換了新的環境，他的人際互動在之前的教訓後已經改善了一部分，只是對過往不甘心的情緒佔滿整個心思，也擔心現在的人際關係會受到過去經驗影響。我帶領他思考經過挫折後自己的成長，聰明的他亦可意會其實自己當時「太單純」「不懂得如何跟人互動」，行事太高調，看事情非黑即白不容許模糊地帶，不巧又長得高大帥氣，我開他玩笑：「喔，如果我是你同學會覺得你看起來太囂張，很討厭。」他呵呵的笑，原來的氣也沒有那麼氣了。

青少年至成人的自我發展軌跡，就是要從原本的自我中心，逐漸將眼光放到更遠的地方，甚至轉換位置、對象來思考。若沒有經過這樣的發展，也許會成長為受傷的、自認為小時候被霸凌的大人，還搞不清楚自己為何會這樣。

我們對自我概念的逐漸成形，都是先由過去接收家庭的種種價值觀再自行「解構」（deconstruction），找出屬於自己信念的「再造」（reconstruction）過程，達到形成獨特自我的「重新凝固」（consolidation）。而青少年自我追尋的內容大致有三個方向：

▼**個人認同**：自己存在的價值、信念，自己覺得不同於他人的地方。

▼**社會認同**：自己的社會角色，給他人的印象、聲譽，受歡迎的程度。

▼**形象認同**：身體表面上具有的特徵如身材、長相、體力甚至家境或成績的好壞。

許多研究發現，青少年階段最在乎的還是「形象」，外表的吸引力最能有效預測青少年自尊指標，因此成人在理解青少年的自我概念或認同時，必須認清這些對大人來說是「膚淺」的東西對他們可重要了。你必須充分理解為何一個大男生可以不斷用髮膠或用手爬梳額前那幾撮頭毛，因為造型是很重要的！理解他們的渴望，才有辦法進入他們的內心世界。

霸凌的發生可能是基於以上任何一個認同的困難，加上生活中出現的種種危機：發展危機（如是否要升學或就業）、人際困擾（環境改變導致重新適應人際）、學業成就受挫、重大事件衝擊（突發而無法應付的重大災難，如家庭成員離去、失戀、落榜等）。這些情況都會造成個人對自我想法上的「連續性」和「同一性」產生動搖。

新時代的青少年危機

校園霸凌的年齡層有些廣，實務中所遇到的個案從小學到大學都有，不同年齡層對壓力或問題因應的能力都不盡相同，主要在於各發展階段的認知特色不同。

愈小的孩子遇到霸凌問題，由於他們想法的懵懂與脆弱無助，愈需要大人的介入與處理，大人所給予的安全、信賴感愈足夠，孩子的復原力愈快。較大的孩子由於開始獨立思考，便需要進一步的想法引領，培養他們有自我復原的能力以應付未來更複雜的挫折。

瑞士發展心理學家皮亞傑（Jean Piaget）指出，人類的認知發展階段在六歲至青春期時為「具體運思期」，意思是能夠按照看得見的東西思考，但無法做抽象的推理。具體運思期的特色是：

▼只注意事物外在、最終的樣貌，尚無法感受到其中的過程。

▼只能注意最明顯的訊息，無法一心多用。

▼傾向將事物的表象而非內在邏輯當成事物的本質。

白話一點來說就是以貌取人，包括上述所說的形象認同，因為對這個階段來說，看得到的才是一切，談內在太過抽象，也還不能想得透徹明白。這要到皮亞傑所謂的「形式運思期」、青春期以後，才能慢慢向內抽絲剝繭，漸漸明白何謂人存在的意義。

所以如果卡在這個上不上、下不下的尷尬年齡，認知程度趕不上外在環境的複雜度，困惑與壓力當然就會產生。例如這年紀的孩子認為自己很獨特，自我中心思考，又渴望擁有他人的認同；只要失戀就是世界末日了，因為他們還想不出有什麼比這個更慘；很容易因無心的一句話得罪朋友或被得罪，還沒有學會如何同理他人感受，故這個階段擁有最多的人際誤會。

青春期是個最需要大人了解與扶持的階段，安然度過的話就會有個身心健康的成年人。我的經驗與建議是，對他們所說的保持好奇，當他們的教練，給予像啦啦隊一樣的支持，但出場的機會與選擇仍然在孩子身上。

附錄一

校園霸凌十問十答

問：所謂的校園霸凌就是學生用肢體暴力欺負同學嗎？

答：用肢體暴力欺負同學只是校園霸凌常見的一種形式，通常稱之為身體霸凌；另外還有言語霸凌，比如用三字經侮辱同學或嘲笑對方的缺陷；還有一種是性霸凌，會用強迫的方式要脅同學非自願地與他或其他人（如自己的同學或男女朋友）發生性行為，或是因為對方較不像傳統男生表現或女生表現，而以言語或性挑釁揶揄對方（如笑對方「娘砲」）；最後一種是利用團體的力量刻意排擠某位同學，讓他在班上沒有朋友而被孤立。隨著網路的發達，也有學生使用網路來完成以上霸凌行為（如在網路上攻擊同學不實的批評或不雅照片）。

問：霸凌行為只不過是學生間嬉鬧而已，不需大驚小怪？

答：大多數的霸凌行為絕對只是冰山的一角，在校園看不見的角落，該霸凌者可能對更多人施以霸凌行為；相對的，受凌者可能也不斷重複受凌。因此，霸凌行為絕對不只是學生間的嬉鬧，而是情緒管理不當以及不健康的權力壓迫造成的，必須嚴肅地正視及處理。

問：霸凌者一定是身材高大或流氓樣嗎？

答：不一定。身材高大的確在學生權力壓迫的層面而言，有較高的優勢可以欺負別人，但是真正的霸凌者並非因為外表或身材過人而出現欺負他人的行為，真正引起霸凌行為的原因是他們的同理心較為薄弱，或是本身在成長過程中學習到用暴力或權力來獲得他們的需求（如金錢、權勢）。有時候，這些霸凌者甚至本身也曾經在家庭或校園中有過受凌的經驗。

問：受凌者一定是身材瘦小或內向型的嗎？

答：這也不一定。雖然身材瘦小或內向型的同學，一旦遇到被別人霸凌，可能會採取較多退縮或無效的處理方式，而更加強霸凌者再次欺負的機會，但是不一定這種人就會受凌。要記住，任何外表和個性的孩子都有可能成為受凌者，受凌不是因為他們做錯了什麼，重點是事後如何學習有效處理及避免再次受凌。

問：在學校如何察覺學生有可能受凌？

答：受凌的孩子可能不會直接告訴師長他們被欺負的經驗（至少當時不會），因為擔心霸凌者發現自己告密，因此反而再次被同學霸凌。所以培養對這些孩子的高敏感度是很重要的。學生受凌後有些會出現以下現象：身體會有外傷、自尊心受損、莫名的緊張、悶悶不樂、甚至開始不尋常地缺課或功課退步，部分孩子會產生對其他同學的報復行為（因此脾氣變易怒）。有時候敏銳地詢問班上其他跟他要好的死黨，也可以更確定你的觀察和假設。

問：在家裡如何發覺自己的孩子有可能受凌？

答：如同上述做法及敏感度都可派上用場。在家中，另外更可能觀察到孩子出現失眠、做惡夢、早上突然變得害怕到學校或是要家人陪同的訊號；還有些時候（特別是孩子受凌的事件牽涉到被要脅帶錢到學校給霸凌者），孩子的零用錢似乎總是用不夠，但又說不出原因，更需敏感地注意。

問：我在學校發現學生有可能受凌，可以如何處理？

答：透明化地與學生私下一對一了解整個過程以及受凌對他的影響，是首要的步驟。你愈是害怕或視而不見，學生對你信任愈是減少，日後能獲取真正事實的機會便更少。若有必要，你也必須透明化地與霸凌者私下一對一了解整個過程（即使在初期他可能加以否認），但須注意對事不對人（也就是說不要給學生貼標籤），同時告知你會追蹤日後是否仍有後續霸凌行為；必要時，讓學生雙方（受凌者及霸凌者）的家長知道事情真相（最好以正式邀請來校的方式透明會談；為了防止二度傷害，可以先不要把孩子雙方納入第一次會談中；等第一次會議決議後，再把孩子納入共同會談）。

問：我在家裡發現孩子有可能受凌，可以如何處理？

答：如同上述的透明化做法是非常重要的。但是有許多父母會因為擔心孩子受傷，在孩子防衛不說時，給予非常大的急迫壓力要孩子說，或是直接聯絡老師詢問，這些都有可能讓孩子在還沒準備好時遭受二度傷害。因此用溫和及肯定的語氣陪伴孩子，用孩子可以坦白的速度與他同步，是很重要的。當你確定孩子遭受霸凌時，一定要聯絡學校相關老師，必要時親自到學校一趟了解狀況（要讓孩子知道你要去學校）；當然，盡可能讓配偶也參與這個危機處理的過程討論，讓你們共同面對孩子的難題，你們對孩子的協力支持是非常有用的。

問：如果學校可以為受凌者及霸凌者做些心理協助，可能方式及方向為何？

答：不管是受凌者及霸凌者，安排個別心理輔導或團體心理輔導（同樣的受凌者形成「受凌者成長團體」、同樣的霸凌者形成「霸凌者成長團體」），都是非常重要及有效的。針對受凌者較需處理的議題包括：自尊心的重新建立、罪惡感的減低、懼學的因應（直至能恢復正常上學）、二度傷害的避免、對旁觀者的憤怒、人際或親密關係的重新整理、系統正向支持力量的建立（包括學校或家庭）等；針對霸凌者較需處理的議題有：同理心的訓練、情緒控制的學習、衝動控制的延宕、性別或身體界限的建立、權力和暴力議題的探討、成長背景中可能與施暴或被施暴相關議題的發現、人際或親密關係正向行為的示範、團體規範的學習及遵守等。

問：如果學生或孩子需要後續醫療或校外的心理輔導，有哪些資源可以使用？

答：當孩子有以上的狀況出現時，首要求助資源仍以學校輔導為最重要的對象。一旦孩子的精神狀態經過學校評估，需要其他更專業的精神心理資源協助時，國內各大醫院的精神科都可以提供兒童青少年的精神狀態評估或是心理治療；另外，國內許多非醫療機構也提供支持性心理協助，例如各縣市的少輔會、家庭教育中心等。

※資料來源：簡玉坤，耕莘醫院精神科臨床心理師，新北市、台東縣生命線督導，國際生命線台灣總會學術顧問，輔仁大學醫學系／臨床心理系臨床講師。

附錄二 少年事件處理法介紹

壹、年齡的重要性

一、何謂「成年」？

依〈刑法〉成年是指十八歲以上，而〈民法〉成年是滿二十歲，而且是指實歲，而非一般的虛歲。

二、何謂「少年」？

依〈少年事件處理法〉第二條，所謂少年，是指十二歲以上未滿十八歲的人。

三、何謂「兒童」？

未滿十二歲，在法律上算是兒童。

四、依年齡之不同處理程序不同，通常成年人犯法即適用〈刑事訴訟法〉程序，而十二歲以上未滿十八歲的少年，如果有觸法行為，是適用有關〈少年事件處理法〉之規定。未滿十二歲的兒童，並非少年，但滿七歲以上未滿十二歲之人，有觸犯刑罰法令之行為時，仍可以依〈少年事件處理法〉第八十五條之一及少年及〈兒童保護事件執行辦法〉，由少年法院適用少年保護事件之規定處理。

貳、少年事件處理法適用的範圍？

依〈少年法〉第三條規定少年觸犯刑罰法律之行為及少年虞犯事件即依其性格及環境，有觸犯刑罰法令之虞者，都由少年法院處理。

一、觸法行為：少年觸犯刑罰法律的行為，如打架、犯傷害罪、偷車、犯竊盜。

二、虞犯行為：指有不良行為，但尚未觸犯刑罰法律，但具有犯罪危險性的少年，〈少年事件處理法〉的立法目的，是為保障少年健全之自我成長，調整其成長環境，並矯治其性格，故少年虞犯的要件為對有犯罪危險性的少年，應採取適當的預防措施，因此才有關於少年虞犯的規定。

何謂虞犯事由？

(1)經常與有犯罪習性的人交往：所謂「經常」依少年法院實務上認定「經常」的標準，是指在相距不久的相當期間內，有具體事實，足認有二次以上相同虞犯行為，如常與有犯罪前科之人在一起活動，出陣頭，遊玩等。

(2)經常出入少年不當進入的場所：所稱不當之場所，是指酒家、舞廳、賭博性電動玩具場、小鋼珠店等等，對少年身心發育發展造成傷害的處所。

(3)經常逃學或逃家：經常性逃家不回家，曠課不上學，未成年人在法律上應與家長同住，且在學學生本份即是就學，逃學逃家有違學生子女的本份。

(4)參加不良組織：如參加不良的社團。

(5)沒有正當理由經常攜帶刀械：如在機車車箱內放西瓜刀，稱用來防身。

(6)吸食或施打煙毒或麻醉藥品以外之迷幻物品：少年如果有吸食或施打煙毒（嗎啡、大麻、安非他命等毒品）的行為，就會依〈毒品危害防制條例〉加以處理，這是犯罪案件，並不是虞犯。如果吸食或施打煙毒以外的迷幻物品，例如吸食強力膠、K他命等行為，容易造成心神亢進，而陷於犯罪，即是虞犯事由。這類物品除了容易使人陷於犯罪之外，也都會影響身體健康，尤其是腦部及肝臟所受的影響最嚴重，長期使用，甚至會導致死亡，是對少年身心健康有嚴重危害的虞犯事由，故需加以處理，不過如因治療疾病的需要，經醫師指示而使用者，則是屬於正當的醫療行為，並不構成虞犯。

(7)有預備犯罪或犯罪未遂而為法所不罰之行為者。

上述七種虞犯事由，是這些行為極可能有犯罪的危險性，並不是已經犯罪，少年如果有這些行為中的任何一種行為，便有犯罪之虞，這時如何矯正少年的危險性，使他不會侵害他人，或進而使他改過向善，是法律極為關注的問題。少年如果有虞犯事由的行為，被警察或司法單位發現後，通常會以「少年虞犯事件」移送少年法院處理，審理的結果如認為有施以保護處分的必要，都是著重於教育和輔導的意義。

叁、少年保護案件

一、少年保護案件之來源：

(1)報告：不論任何人知有人犯罪者，得向該管少年法院報告。

(2)移送：檢察官、司法警察官或法院於執行職務時，知有第三條之事件者，應移送該管少年法院。

(3)請求：對於少年有監督權人，少年之肄業學校或從事少年保護事業之機構，發現少年有虞犯事件者，亦得請求少年法院處理之。

少年虞犯事件並不是犯罪案件，所以並不是任何人都可以請求少年法院處理。特別是對少年有監督權人、少年之肄業學校或從事少年保護事業之機構，發現少年有虞犯事由且有觸犯刑罰法律的危險性，得請求少年法院處理之。所謂「有監督權人」，係指少年的法定代理人，通常是父母、監護人及現在保護少年之人，如祖父母、姑姑、叔叔、阿姨等實際照顧教養少年的親屬。

二、審理前的調查：

（一）少年調查官之審前調查：

少年事件的審理，是以教育、教養及保護少年為目的，為了達成這些目的，必須有周詳完備的調查，才能決定最適當的處理方式，故〈少年事件處理法〉第十九條明訂，少年法院應先由少年調查官，調查該少年與事件有關的種種行為、少年的品格、經歷、身心狀況、家庭情形、社會環境、教育程度及其他必要事項，提出報告，並附具建議，供法官參考。

（二）調查之終結

少年法院調查後，依調查結果的不同，可以做下列的決定：

(1)移送檢察官偵查之裁定：

[1]應移送檢察官偵查：

少年法院依調查之結果，認少年有左列情形之一者，應以裁定移送於有管轄權之法院檢察署檢察官：

A.犯最輕本刑為五年以上有期徒刑之罪者。如殺人罪、強盜罪。

B.事件繫屬後已滿二十歲者。

[2]得移送檢察官偵查：

少年法院依調查之結果，認犯罪情節重大，參酌其品行、性格、經歷等情狀，以受刑事處分為適當者，得以裁定移送於有管轄權之法院檢察署檢察官。如竊盜四、五次仍不知反省悔改，品行不端，一而再、再而三的有觸法行為，即可移送檢察官。

(2)少年法院依調查之結果，認為無付保護處分之原因或以其他事由不應付審理者，應不付審理之裁定。即法院認為少年未涉案，就是類似無罪的認定，就裁不付審理。

(3)少年法院依少年調查官調查之結果，認為情節輕微，以不付審理為適當者，得為不付審理之裁定。

少年法院依少年調查官調查之結果，認為情節輕微，以不付審理為適當者，得為不付審理之裁定，並為左列處分：

[1]轉介兒童或少年福利或教養機構為適當之輔導。如有中重度智能礙障者，法律無法有效處理，會轉介給縣市政府社會處協助輔導。

2交付兒童或少年之法定代理人或現在保護少年之人嚴加管教。如將少年交父母好好管教，期使不再犯。

3告誡。調查官口頭告誡少年並曉諭行為失當，應好好改過遷善。同時如果該事件中有損害他人權益的情形，少年法院可以斟酌情形，經被害人同意，命少年為下列各款事項：

A.向被害人道歉。如當庭向被害人表示歉意，說對不起，希請求原諒，知錯能改，善莫大焉。

B.立悔過書。如寫悔過書五百字・表示反悔。

C.向被害人支付相當數額之慰撫金。即賠償被害人的損失，金錢賠償，少年之法定代理人應負連帶支付之責任，即少年沒錢，應由父母賠償，〈民法〉上的民事責任，少年負的賠償責任，法定代理人在少年二十歲前都有連帶責任，故家長責任很重，不可不慎。

(4)少年法院經調查結果，認應付審理，即為開始審理之裁定。

1審理之方式：

A.獨任制，少年法院審理少年保護事件，法官一人獨任。

B.不公開，調查及審理不公開，但允許少年之親屬、學校教師、從事少年保護事業之人可在場旁聽。

C.不拘形式，少年保護事件之調查及審理、法官、書記官執行職務時，均不穿法袍，而是穿一般服飾，較為親和。

D.輔佐人之設置，少年或少年法定代理人或現在保護少年之人，得隨時選任少年之輔佐人幫助少年。但所犯最輕本刑為三年以上有期徒刑之罪，如殺人罪，家長未選任輔佐人者，少年法院應指定適當之人輔佐少年，以保障少年程序上之權利。

2 少年法院審理終結後，依法對少年以裁定諭知下列之保護處分：

A.訓誡，並得予假日生活輔導。

B.交付保護管束並得命為勞動服務。

C.交付安置於適當之福利或教養機構輔導。

D.令入感化教育處所施以感化教育。

認為應給予少年適當的保護處分時，依少年事件處理法有下列三種保護處分，選擇最適合於教育、矯治、保護少年的處遇來實施，分述如下：

a.訓誡，並得以假日生活輔導：

訓誡是由少年法院的法官向少年說明其行為的不恰當，指導少年將來應該遵守的事情，一方面使少年知道自己的錯誤，另一方面也給予少年悔過向善的機會。少年法院還可以要求少年參加假日生活輔導活動，這類活動通常由少年保護官在假日（或非工作、上課日）執行，以教育方式啟發少年心智，並增進少年樂群和善的團體活動能力，對少年有相當的幫助。

b.交付保護管束並得命為勞動服務：

對少年的保護管束，執行期間不超過三年，在性質上具有濃厚的社會福利色彩，主要目的在於避免少年養成犯罪習性，所以由少年保護官與少年的父母或親屬商量，指導少年遵守保護管束事項，並就少年的教養、疾病治療及改善環境等事情，給予適當輔導，故少年需定期向保護官報告生活及就學就業狀況，保護官也會家庭學校工作查訪，以了解少年真實的生活，如果執行滿六個月後，成效明顯而沒有繼續執行的必要時，即少年生活表現穩定，就學就業正常，少年法院可以根據少年保護官的聲請，裁定免除執行，提早結案，以鼓勵少年的積極向善，是具彈性的措施。勞動服務處分，為三小時以上五十小時以下，由少年保護官執行，其期間時數視輔導之成效而定，富有彈性。

c.交付安置於適當之福利或教養機構輔導：

將少年交付於適當之福利或教養機構輔導期間，為二月以上二年以下。如家庭失依又無人可妥適照顧，評估後可安置在機構，如新竹縣寶山鄉的藍天家園機構，執行一定期間後，著有成效，認無繼續執行之必要者，或有事實上原因以不繼續執行為宜者，負責安置輔導之福利或教養機構、少年、少年之法定代理人或現在保護少年之人得檢具事證，聲請少年法院免除執行，提早結案。

安置輔導期滿，負責安置輔導之福利或教養機構認有繼續安置輔導之必要者，得聲請少年法院裁定延長，延長繼續留在機構中。

執行安置輔導，若認有變更機構之必要者，少年、少年之法定代理人或現在保護少年之人得檢具事證或敘明理由，聲請少年法院裁定變更，如原本安置在甲機構，因環境不適應或其他特別狀況，可更換機構，以對少年最佳利益為考量。

少年在安置輔導期間違反應遵守之事項，情節重大，或留置觀察處分後，又違反應遵守之事項，認安置輔導難收效果者，負責安置輔導之福利或教養機構、少年、少年之法定代理人或現在保護少年之人得檢具事證，聲請少年法院裁定撤銷安置輔導，將所餘之執行期間令入感化處所施以感化教育，即送輔育院執行感化，其所餘之期間不滿六月者，最少可執行六個月。

d. 進入感化教育處所，接受感化教育：

少年法院審理後認為少年具有危害社會安全的傾向，必須收容施以特殊教育時，應按少年肇事的性質與學業程度，裁定交付於適當的感化教育機構，接受感化教育。實施感化教育的期間，為六個月以上至三年以下，是一種富有伸縮性的教育輔導措施，執行滿六個月後，在輔育院表現良好，達到一定的分數，沒有繼續執行的必要，執行機構可以報請少年法院裁定免除或停止執行。少年法院裁定停止執行感化教育時，應該裁定在所剩餘的執行期間內，交付保護管束，以確實保護、教育受感化的少年。我國現有三個感化教育處所，桃園輔育院、新竹誠正中學及彰化輔育院，女性少年都在彰化輔育院執行。

肆、少年事件的特殊性

一、保密原則

任何人不得於媒體，資訊或公開方式揭示有關少年保護事件之記事及照片，使閱者足以知悉是何人，違者可處罰，故電視新聞記者不得直接拍少年的正面，而報紙也不得登少年全名，以保護少年。

二、紀錄塗銷

〈少年事件處理法〉第二十九條處分，執行完畢兩年後塗銷，而保護處分及刑之執行完畢三年後塗銷，此有助少年自新，不留紀錄，影響未來工作及就學。

三、法定代理人之處罰

家長因忽視教養，致少年有觸法行為或虞犯行為，而受保護處分及刑之宣告，得裁定八到五十小時之親職教育輔導，拒不前來接受輔導，可以罰三千元到一萬元，拒不繳交，也可為強制執行名義。

四、成年人教唆幫助利用未滿十八歲之人犯罪，或與少年共同犯罪，加重其至二分之一。即成年人教唆、幫助、利用少年犯案，成年人會加重刑度。

※資料來源：新竹地方法院。

國家圖書館出版品預行編目（CIP）資料

向霸凌Say NO!：認識→對付→走出霸凌的校園暴力防治三部曲／南琦著. -- 初版. -- 臺北市：遠流, 2011.12

面；　公分. --（大眾心理館；333）

ISBN 978-957-32-6899-4（平裝）

1.校園霸凌　2.學校管理　3.問題學生輔導

527.4　　100023162

大眾心理館333

向霸凌 Say NO!

認識→對付→走出霸凌的校園暴力防治三部曲

作者——南琦
策劃——吳靜吉博士
主編——林淑慎
特約編輯——陳錦輝
美術編輯——陳春惠
內頁插畫——李慧庭
發行人——王榮文
出版發行——遠流出版事業股份有限公司
100臺北市南昌路二段81號6樓
郵撥／0189456-1
電話／2392-6899　　傳真／2392-6658

法律顧問——董安丹律師
著作權顧問——蕭雄淋律師
□2011年12月1日　初版一刷
行政院新聞局局版臺業字第1295號
售價新台幣280元（缺頁或破損的書，請寄回更換）

ISBN 978-957-32-6899-4
遠流博識網
http://www.ylib.com　　E-mail: ylib@ylib.com